西安财经学院学术著作基金资助出版

Methodology for Measuring
Informatization and Its Impact under
the Integration of Informatization
and Industrialization

两化融合下信息化及其影响的测评方法

刘敏 / 著

中国财经出版传媒集团

经济科学出版社
Economic Science Press

图书在版编目（CIP）数据

两化融合下信息化及其影响的测评方法/刘敏著 .
—北京：经济科学出版社，2017.7
ISBN 978 - 7 - 5141 - 8299 - 6

Ⅰ.①两…　Ⅱ.①刘…　Ⅲ.①企业信息化 - 研究
Ⅳ.①F270.7

中国版本图书馆 CIP 数据核字（2017）第 184896 号

责任编辑：李　雪
责任校对：杨　海
责任印制：邱　天

两化融合下信息化及其影响的测评方法
刘　敏　著
经济科学出版社出版、发行　新华书店经销
社址：北京市海淀区阜成路甲 28 号　邮编：100142
总编部电话：010 - 88191217　发行部电话：010 - 88191522
网址：www. esp. com. cn
电子邮件：esp@ esp. com. cn
天猫网店：经济科学出版社旗舰店
网址：http：//jjkxcbs. tmall. com
固安华明印业有限公司印装
710×1000　16 开　16.5 印张　210000 字
2017 年 8 月第 1 版　2017 年 8 月第 1 次印刷
ISBN 978 - 7 - 5141 - 8299 - 6　定价：49.00 元

前　言

　　当今世界，信息化在全球范围特别是发达国家迅速发展，已经并将继续对经济社会发展产生巨大的推动作用。信息化发展水平已经成为衡量企业、行业、地区乃至国家综合实力和国际竞争力的重要标志。

　　近年来，尽管中国信息化发展速度较快，但是与发达国家相比仍然存在较大的差距。中国政府对信息化发展的重视不断加强，党的十七大对推进我国信息化做出新的部署，明确提出信息化与工业化融合（简称"两化融合"）的命题，十八大进一步提出要推动信息化和工业化深度融合。继而工信部颁布《信息化和工业化深度融合专项行动计划（2013～2018年)》，提出的主要行动内容包括：①要制定"企业两化融合管理体系"国家标准，明确影响信息化过程的一般要素，形成引领和促使企业有效推进两化融合的体系框架、主要内容和方法论；②要完善工业企业两化融合水平测度机制，建立企业两化融合水平测度指标体系和等级评定办法。2016年3月，工信部进一步发布《两化深度融合创新推进2016专项行动实施方案》，明确提出要研究完善企业两化融合评估体系，建设企业两化融合发展水平大数据服务平台，定期发布重点行业、区域和企业两化融合发展水平、阶段、趋势以及技术应用成熟度的数据地图和白皮书。因此，深入研究企业信息化测评的统计理论和统计方法，研究信息化对电子商务扩散及企业绩效影响的主要因素和规律，研究企业信息化及其影响测度的科学方法，特别是结合中国的具体情况，研究并建立起一套适合国情并与国际接轨的企业信息化及其影响的监测模型和评价支持系统，运用有关统计数据等资料，客观地测算和评价中国企业信息化发展状况及其影响问题，对于中国政府制定工业化与信息化融合的宏观发展战略、完善国家宏观调控体系以及信息产业发展政策、加快中国信息化发展、提高中国综合国力和国际竞争力水平，具有重大意义和实用价值。

在开展企业信息化统计和测评过程中，如何评估信息化及其影响一直是一个较难的问题，用什么样的指标体系才能科学合理地衡量信息化及其影响，以及进行相应的国际比较等问题尚处在探索和研究阶段。国际上，欧盟、OECD（Organization for Economic Cooperation and Development，经济合作与发展组织，简称"经合组织"）等国际组织及英国、美国、澳大利亚等国家对企业信息化测度和分析均有研究。欧盟是开展这类项目研究较为深入的国际性组织之一。欧盟统计局为了评估 ICT（Information and Communication Technology，信息与通信技术）对商业和经济的影响，于 2006 年立项确立了一个研究项目——通过连接不同来源的数据评价 ICT 的影响，有 13 个欧洲国家统计局参与研究。该项目的主要研究目的是通过连接不同来源的企业层面的微观数据来评估和分析 ICT 的影响，特别是 ICT 的应用如何影响企业的行为和绩效，并希望通过项目的实施，开发出一套 ICT 影响评估的工作流程。该项目经过两年的研究，于 2008 年提出了一些方法、分析结果及对未来测度的建议。欧盟的研究项目反映了目前国际上对信息化测评研究的新进展，即一方面为宏观经济运行及国家制定经济发展政策提供依据；另一方面信息化测评正在向基于微观数据分析、考察 ICT 技术对微观主体行为影响为主的方向演变，侧重于评估信息化对商业和社会经济的影响。

　　中国信息化测评研究始于 20 世纪 90 年代，最具代表性的是 2005 年国家统计局开展的"中国信息化评价体系与监测支持系统研究"（国家自然科学基金立项，项目编号：70071007），由贺铿先生带领的课题组对中国信息化测算与评价方法进行了宏观层面的研究，对中国官方信息化统计体系的建立进行了开创性研究。此外，中国社会科学院、国家统计局、国家信息中心、国务院发展研究中心、中国互联网络信息中心、塞迪顾问公司、航天总公司 710 所和原邮电部技术经济研究中心等单位的专家也曾对中国信息化指标进行过研究和测算，并取得了一些研究成果。但是，这些研究成果与信息化快速发展而产生的政府对信息化评价与测算研究的需求之间尚有较大差距，特别是针对企业层面信息化及其影响测评的研究，由于统计基础数据较差等原因，尚显得薄弱。

　　为了跟上世界经济发展的步伐、适应全球信息化发展的趋势，在中国亟须建立系统、完整、科学的定性与定量相结合的企业信息化及其影响测度与评价体系，建立起科学、实用的监测系统。

　　本书的内容是作者近年来从事信息化及其影响测评的研究成果，主要涉及微观层面企业信息化对电子商务同化及企业绩效影响的测评方法，重点在于探索一套科学、系统、可比较性强的信息化及其影响的测评方法，并支持宏观层面行业与地区企业信息化及其影响的测算、评价和比较，从而反映信息化发展及其影响的差异、特点及问题，为中国政府制定信息产业发展政策及工业化与信息化融合发展战略、加快信息化发展、提高中国信息化水平乃至提高综合国力和国际竞争力，提供量化的参考依据。

　　本书从以下几个方面对信息化及其影响问题进行了详细深入的分析和探讨：

（1）绪论。描述研究问题的背景，研究目标和主要内容，归纳研究意义，说明研究方法。

（2）文献综述。基于信息技术创新扩散及信息技术价值创造文献，分析国内外代表性研究，对国内外信息化及其影响测评研究进行较为详细的文献研究，并界定了相关概念，指出现有研究存在的问题。

（3）信息化影响测评研究理论与方法。分析总结文献中相关研究的研究视角、研究理论、研究方法，为信息化及其影响评估方法研究工作的开展寻求理论基础。

（4）信息化测度指标体系。分析比较国内外典型的信息化统计调查研究现状及其指标体系情况，结合中国企业信息化发展实际情况，依据设计原则、相关理论和 TOE（Technology – Organization – Environment，技术—组织—环境）框架，为提出一套适合中国国情、与国际接轨的企业信息化测评指标体系奠定理论基础。

（5）信息化对电子商务同化影响的测度模型及关键因素。依据创新扩散理论、基于资源的观点和互补理论及 TOE 研究框架，基于流程观和同化视角，提出一套企业信息化测评指标体系和一个信息化对电子商务同化影响的测度模型，并通过对陕西省传统实体企业信息化实施状况的调查和数据分析，验证模型和确定关键影响因素。

（6）信息化对企业绩效的影响。依据前人的研究和相关理论基础，提出一个反映企业电子商务同化过程的阶段模型，以及信息化—电子商务同化阶段—企业绩效的测度模型，分析电子商务同化过程中信息化关键因素影响的潜在不变性，并探索信息化通过电子商务同化对企业绩效产生影响的理论机理。

本书的内容是国家信息化和工业化深度融合专项行动计划

(2013～2018 年) 实施中亟待落实的重要研究方面, 有助于读者从商务和经济的角度更好地理解两化融合背景下信息化实施的前因后果, 一方面对企业制定两化融合的战略规划及其实施提供参考, 有助于企业更好地将先进技术融入价值链上的业务活动中, 以获取更大收益和竞争优势; 另一方面可为评价政府两化融合政策效果提供方法和工具, 为政府对两化融合进行宏观调控提供企业层面的参考依据, 为政府相关决策提供辅助支持。

本书在研究撰写和出版过程中得到西安财经学院的支持和资助, 在此表示衷心的感谢。

目　　录

第1章 绪论

1.1 研究背景

当今世界,信息化发展对社会经济发展产生巨大的推动作用,是衡量企业、行业、地区乃至国家综合实力和国际竞争力的重要标志。

中国工业与信息化部部署的信息化和工业化深度融合专项行动计划(2013~2018年),明确到2018年中国B2B电子商务交易额将突破20万亿元,中小企业应用信息技术开展研发、管理和生产控制的比例达到55%,应用电子商务开展采购、销售等业务的比例达到50%。为此,要加快电子商务驱动的制造业生态变革以及中小企业信息化应用能力和水平,尤其是传统行业。

而随着企业大规模的信息化投入和信息技术的广泛应用,信息化影响测度与评估问题成为政府和企业所面对的一个最大的挑战。如何进行信息化影响测评——对信息技术的投入、使用和管理的效果评估以及信息化对企业行为、经济结构和绩效的影响评估,对于政府制定相关政策、企业营造有利条件以促进信息化发展,具有重大意义和实用价值。

在企业信息化统计和测评过程中,信息化影响评估一直是一个难题,用什么样的方法才能科学、合理地度量信息化影响一直处于探索和研究阶段。

学术界对于信息化影响研究,长期以"信息系统/信息技术对企业的影响""信息系统/信息技术成功评价""信息系统/信息技术关键成功要素"等为方向。大多得出了 ICT（Information and Communication Technology，信息与通信技术）的使用对企业生产率和绩效具有正面影响的结论，并且识别了不同范畴的各种关键因素。尽管国际上众多学者在这些方面已进行了大量的研究，但至今没有统一的结论。这些研究各有特点，作者的研究目的不同，研究方法和理论不同，研究涉及因素也不同，因而研究结果缺乏可比性和可操作性。而且，大多研究只关注某个或某些方面，从整体角度对企业信息化实施的成功与否和关键影响因素进行的综合研究不多。对政策制定者来说，难以从中得到可比较的企业信息化影响现状的统计信息，也不清楚信息化实施的究竟是否真正很成功。

一些国际组织和政府机构朝这方面做出了努力。欧盟、OECD（Organization for Economic Cooperation and Development，经济合作与发展组织，简称经合组织）等国际组织及英国、美国、加拿大等国家对企业信息化测度和分析均有所研究，并取得丰硕成果。从最新研究结果看，目前 ICT 影响测评的研究趋势是：利用微观（企业层）数据和常见的分析模型来分析 ICT 影响，先侧重于研究 ICT 对商务与经济的影响，然后再通过汇总企业层数据进行基于微观的行业和宏观分析。

中国也开展了相关研究。中国社会科学院、国家统计局、国家信息中心、国务院发展研究中心、中国互联网络信息中心等单位的相关课题组也陆续进行过相关研究，取得了一些研究成果。但是，这些研究成果与信息化快速发展而产生的政府对信息化评价与测算研究的需求之间尚有较大差距，特别是针对企业信息化影响评估研究，由于统计基础数据较差等原因，尚显得薄弱。

为了跟上世界经济发展的步伐、适应全球信息化发展的趋势，中国吸须建立系统、完整、科学的信息化影响测评体系和监测系统。它将对中国政府制定工业化与信息化融合的宏观发展战略、完善国家宏观调控体系以及信息产业发展政策、提高中国信息化水平乃至提高综合国力和国际竞争力，提供量化的参考依据，具有重大意义和实用价值。

在这样的背景下，借鉴国内外已有的研究成果并结合中国企业的实际，研究中国企业信息化影响的统计理论和方法，研究信息化影响的主要因素和规律，对于企业信息化的成功开展和实施，尤其对于促进中国官方建立起一套适合国情、与国际接轨的企业信息化影响监测体系和相关程序，缩短与国际水平的差距，将起到重要作用。

1.2　目标与内容

1.2.1　目标

信息化及其影响测评研究的一个重要目的是为政府信息化统计体系的建立和政府宏观调控提供参考依据，为信息化和工业化深度融合专项行动计划（2013～2018 年）的落实提供支持。本书中信息化及其影响测评方法研究的主要目标包括以下几个方面：

- 确定信息化、信息化影响（电子商务同化与企业绩效）的测量维度和关键变量；
- 提出一个适合国情、国际可比的企业信息化测评指标体系；
- 构建业务流程视角的信息化影响评估的测度模型；
- 验证创新同化整个过程中关键因素影响的潜在不变性问题；
- 提出一种识别信息化影响（电子商务同化与企业绩效）的

关键因素的研究方法。

如何更好地建立信息化影响因素与电子商务以及企业绩效之间的关系模型，是本书中所阐述的一个重点研究问题。此外，本书尤其关注能够解释企业信息化影响的关键因素及其贡献，试图通过电子商务同化程度的中介作用来分析信息化对企业绩效的影响，在学术上解释信息化对价值创造作用的理论机理，丰富和扩展学术界信息技术价值创造的理论。

1.2.2　内容

本书的内容是作者近年来从事信息化及其影响测评的研究成果，主要包括以下方面的内容：

（1）绪论

介绍信息化及其影响测评的研究背景，说明信息化及其影响测评方法的研究目标和本书的主要内容，阐明信息化及其影响测评方法的研究方法和研究意义。

（2）信息化对企业绩效影响测评的文献研究

分析总结欧盟等国际组织企业信息化测评，以及发达国家企业信息化影响测评的研究文献，说明相关研究基础及存在的问题，吸取以往的研究经验和研究成果。

（3）信息化影响评估的研究理论与方法研究

分析总结现有信息化影响研究的理论与方法，说明研究成果的理论基础与方法依据。

（4）信息化测评指标体系的研究

在文献研究和理论方法研究的基础上，通过分析比较国内外典型的信息化统计调查研究现状及其指标体系情况，结合中国企业信息化发展实际情况，提出一个适合中国国情、与国际接轨的企业信息化测评指标体系的设计框架。

（5）信息化对电子商务同化的影响

提出企业层面信息化对电子商务同化影响的测度模型，依据所提出的信息化测评指标体系确定信息化影响因素，采用实证研究法，依据企业信息化活动开展的实际状况对测度模型进行实证检验，识别信息化对电子商务影响的关键因素，以解释信息化实施对电子商务同化影响的作用机理。

（6）信息化对企业绩效的影响

依据前人的研究和相关理论基础，提出一个企业电子商务同化过程的阶段模型，以及"信息化—电子商务同化阶段—企业绩效"的研究模型，分析电子商务同化阶段的前因后果，探索信息化通过电子商务同化阶段对企业绩效产生影响的理论机理，并进行实证检验。

1.3　研究意义

两化融合下信息化及其影响的测评方法的研究具有重要的研究意义。

首先，信息化及其影响测评是政府制定企业信息化发展政策的需要。信息化及其影响测评是"'十二五'、'十三五'《国家信息化规划》"实施中需要重点研究和落实的内容，目前政府在这方面所面临的主要问题是：如何对信息化的投资效果及信息化对企业行为、绩效和竞争力的影响进行评估？政府应如何制定相关政策以及企业应具备哪些条件才能促进信息化健康发展？对政府决策而言，信息化及其影响测评的研究成果是一个重要的评估政策效果的工具，使政府了解企业信息化方面的优势、劣势和绩效，为政府在企业信息化方面的决策提供支撑。

其次，信息化及其影响测评有很强的与国际接轨的研究需求。信息化及其影响测评方法的研究内容是针对目前国际上信息化统计与测度研究所侧重的问题而设计，力图为政府信息化统计体系的建立和政府宏观调控方面提供企业层面的参考依据，因而有很强的与国际接轨的研究需求。

最后，信息化及其影响测评方法的研究具有重要的学术价值。在开展企业信息化统计和测评过程中，如何进行信息影响评估一直是一个较难的问题，用什么样的指标体系才能科学合理地衡量信息化的影响，以及进行相应的国际比较等问题尚处在探索和研究阶段。因而受到世界各国政府、国际组织和企业界的重视。虽然国内外学术界进行了大量研究。但由于研究目的、研究内容、思路与方法不同，研究结果的统一性、可比性欠缺。作者结合国际上信息化统计与测评的最新研究成果而展开研究，研究成果将丰富国际学术界在该领域的研究内容和填补我国在这方面的空白。

综上所述，信息化及其影响测评方法的研究对于政府信息化统计体系的建立，对于政府宏观调控，制定政策规划、引导和推动中国信息化健康发展，进而促进企业绩效提高乃至促进宏观经济运行质量，提供量化依据，故具有十分重要的理论与现实意义。

1.4 研究方法

本书关于信息化及其影响测评方法研究采用的主要研究方法包括文献剖析、比较分析、归纳总结、实证研究等，具体如下：

①在线全文检索法。以"information technology（IT）and productivity""information technology（IT）and performance"等主要关键词搜索相关文献，尤其在信息系统（Information Systems，IS）领域的权威期刊上，如"MIS Quarterly""Journal of Information Technology Management""Management Science""Information Systems Research""Information & Management"等。

②文献研究法。通过文献研究了解近年来 OECD、欧盟等国际组织和发达国家电子商务与 ICT 统计调查的最新进展,以及国内外 IT 创新扩散、电子商务扩散代表性研究的特点,探索现有研究存在的问题,总结研究理论与方法,借鉴国内外先进的研究经验和成果。

③比较分析法和归纳法。吸取前人研究精华、比较分析国内外典型信息化统计调查研究及其指标体系,归纳总结各类指标及其测量方法,以把握科学性、适合统计、符合国情、与国际接轨的特性;依据调查数据,比较分析不同行业、不同性质、不同规模企业电子商务同化状况,归纳电子商务同化在信息化对企业绩效影响的作用机理。

④IT 创新扩散理论、IT 价值创造理论与流程观视角。按照 IT 创新扩散理论、TOE 研究框架、IT 价值创造理论,设计企业信息化测评指标体系,提出信息化影响测度模型;依据流程观,提出业务流程视角的电子商务同化影响的概念和测度方法。

⑤多种调查方法相结合。采用问卷调查、实地调查、网上调查、电话调查等多种方法了解企业信息化与电子商务实施状况,掌握研究需要的第一手资料;选取具有代表性的样本企业,通过搜索公开信息、互联网报告等获取二手资料;采用专家调查法确定指标权重。

⑥实证研究法。依据收集的具有代表性的企业样本数据,采用统计技术进行数据分析,验证所提出的测度模型。

研究技术路线见图 1-1。

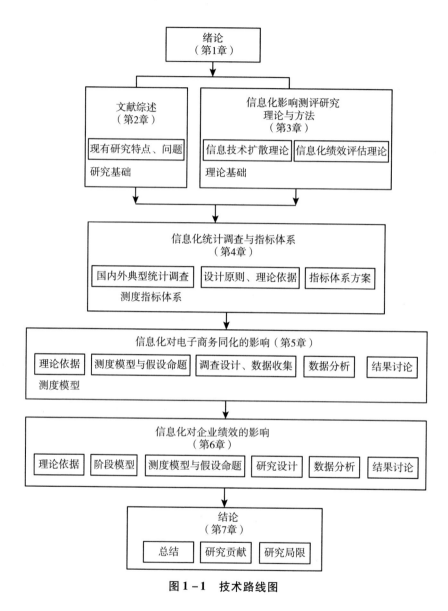

图 1-1 技术路线图

1.5 本 章 小 结

　　本章介绍信息化及其影响测评的研究背景，说明信息化及其影响测评方法的研究目标和本书的主要内容，阐明信息化及其影响测评方法的研究意义，指出所使用的研究方法。

本书的结构安排如下：

第 1 章为绪论。介绍研究问题的背景，提出研究目标，明确研究内容和结构，归纳研究意义和创新点。

第 2 章为文献评述。介绍信息化绩效影响研究发展和应用，系统分析总结国内外学者对企业信息化绩效影响研究的成果，提出现有研究存在的问题。

第 3 章为信息化影响测评的研究理论与方法。回顾和总结信息化影响研究的研究视角、经典理论和研究方法，为研究工作打下坚实的理论基础。

第 4 章为信息化统计调查与指标体系。对国内外有代表性信息化统计调查及信息化测度指标体系的研究状况进行详细的分析与总结，并对这些研究特点进行了比较与评价，为后续的企业信息化影响研究中信息化测度模型的设计奠定基础。

第 5 章为信息化对电子商务同化的影响。首先，提出信息化对电子商务同化影响的测度模型和假设命题；其次，阐述问卷的设计和数据收集情况，说明变量的测量方法；最后，运用多种统计分析方法，检验量表的信度和效度，分析各层面变量的因子结构，确定关键影响因素，并对分析结果进行总结和讨论。

第 6 章为信息化对企业绩效的影响。提出企业电子商务同化程度的阶段模型，以及以电子商务同化程度为中介的信息化对企业绩效影响的测度模型，采用实证研究方法，通过分析电子商务同化过程不同阶段的前因后果，阐明信息化在电子商务同化过程的不同阶段，信息化关键因素影响的一致性问题和对企业绩效影响的作用机理。

第 7 章为总结部分。对研究结论和贡献进行总结，分析研究局限。

第 2 章　文献综述

信息化及其影响评估方法研究的主要目的就是要探索企业信息化的影响，因此，收集信息化影响测评研究的主要情况，对主流工作进行比较分析，了解该领域的研究基础是十分必要的。本章的文献研究思路为：

（1）对信息化、企业绩效、信息化绩效等概念进行定义与界定，为信息化及其影响评估方法研究中相关变量的测量提供依据。

（2）从收集主要国际组织、著名研究机构、著名学者的研究文献开始，结合国内的研究情况，回顾和讨论企业信息化影响的研究进展。

（3）重点了解的内容包括：①研究目的；②研究内容和范围；③研究方法；④数据来源；⑤研究结果及解释；⑥研究特点（如局限性）。

（4）总结现有研究存在的问题。本章的研究将为信息化及其影响评估方法研究探索的问题提供基础支持。

2.1　概　　念

2.1.1　信息化定义与界定

信息化一词，最早由日本学者提出。1963 年日本学者梅棹忠夫（Tadao Umesao）在题为《论信息产业》的文章中提到：信息化是通信现代化、计算机化和行为合理化的总称。后被译成英文传播到西方，西方社会普遍使用"信息社会"和"信息化"的概念是 20 世纪 70 年代后期才开始的。

关于信息化的表述，在中国学术界和政府内部作过较长时向的研讨。1997 年，中国在首届全国信息化工作会议上，将信息化定义为："培育、发展以智能化工具为代表的新的生产力并使之造福于社会的历史过程。国家信息化就是在国家统一规划和组织下，在农业、工业、科学技术、国防及社会生活各个方面应用现代信息技术，深入开发广泛利用信息资源，加速实现国家现代化进程。"另外，在最新公布的 2006～2020 年国家信息化发展战略中，将信息化定义为："充分利用信息技术，开发利用信息资源，促进信息交流和知识共享，提高经济增长质量，推动经济社会发展转型的历史进程。"

国家信息测评中心对信息化的定义：企业信息化，是企业为了适应快速变化的环境，提高效益和发展能力，应用信息技术，再造企业的变革过程，是信息技术从一般业务应用向业务核心渗透的过程，是传统管理向现代管理转变的过程，是企业在基础设施、技术应用、结构调整、资源拓展、管理制度等方面向信息化转变的过程，也是提高经济主体活力，提高企业效益和能力，最终在国民经济中实现人的现代化转变的过程。

学术界的信息化定义很多，国内外学者从不同角度对信息化进行了不同的定义。早期的信息化影响研究中，学者们普遍采用 IT 的概念，即信息技术概念，信息技术是主要用于管理和处理信息所采用的各种技术的总称，主要指应用计算机科学和通信技术来设计、开发、安装和实施信息系统及应用软件；后来被广泛称为信息和通信技术（Information and Communications Technology，ICT），主要包括计算机技术、通信技术和 Internet 技术等现代信息技术。OECD

及欧盟等国际性组织以及国外学术界现在普遍采用 ICT 作为信息化的概念。

关于企业信息化的概念和内涵，概括起来主要包括以下内容：

①信息技术。信息技术是发展现代生产力的基础。在目前几乎所有的企业信息化概念或内涵中，都涉及"信息技术""现代信息技术"等术语。这一点为各国学者公认。

②开发和利用信息资源。信息技术的采用和延伸并不是企业信息化的目的，它只是作为手段和工具，作为开发利用信息资源的手段和工具。在现代社会中，信息资源与劳动力、土地、资本共同成为社会的生产要素。企业信息化的实质是在信息技术的支撑下，让管理决策者能充分及时利用信息资源，及时把握市场机遇，更好地组织企业资源，进行生产经营活动。

③企业信息化的目标。企业信息化的目标不是也不应该是信息技术的采用和信息资源的开发和利用。1967 年日本政府一个咨询小组正式提出"企业信息化"概念，他们认为"企业信息化是由工业社会向信息社会前进的过程"。这是最早的关于企业信息化的概念，他们认为"信息社会"是企业信息化的目标。

④信息化是一个过程。各国学者给出"企业信息化"定义时，大多都指出其"过程"的含义，具体表述时，使用了"过程""动态""发展""进程"等词汇，认为企业信息化与其说是一个目标，不如说是一个过程。一方面，企业信息化是一个由量变到质变的过程；另一方面，信息化的内容也在不断发展。

本书中所探讨的企业信息化，是采用先进的管理理念，应用现代信息技术去整合企业现有的生产、经营、设计、管理的各个层次、各个环节和各个方面，充分开发和利用信息资源，组织企业资源，并建立与之相适应的组织模式，组织企业的生产经营活动，实现企业的战略目标，增强企业竞争力，提高企业经济效益。

2.1.2 企业绩效定义与界定

绩效一词来源于英文 Performance，解释为："the action of performing, or the action of performed"，即正在进行的某种活动或者已经完成的某种活动（取得的成绩）。因此，绩效不但指一个过程的表现，也指该过程的产出结果。

国内外许多学者对绩效的度量指标问题进行了研究，得出许多不同见解。

国外对绩效的界定主要有三种观点：①第一种观点认为绩效是结果，将组织绩效定义为组织达成目标的程度；②第二种观点认为绩效是行为，但并不是说绩效的行为定义中不能包容目标，将绩效定义为"与一个人在其工作的组织或组织单元的目标有关的一组行为"，指出"绩效是行为，应该与结果区分开，因为结果会受系统因素的影响"；③第三种观点认为绩效是行为与结果的统一，因为绩效不仅仅取决于做事的结果，还取决于做事者所拥有的行为或素质。

国内研究人员也对绩效进行了界定。一些研究者提倡将绩效和目标画上等号。一些提出如果企业以追求经济利润为唯一目标，其他目标如市场占有率、员工福利的增加等均没有考虑在内。还有一些认为由于企业经营目标很多，随着研究主题的不同对绩效应采用不同的度量指标。

由于绩效定义的多样性，测度企业绩效的指标也多种多样。通过文献整理，史密斯（Smith，1993）与麦肯恩（McKeen，1993）认为企业绩效的测度指标主要包括：投资回报率、生产率、收入增长率、管理收益、利润等；坎贝尔（Campbell，1997）则认为有

19种测度标准,其中最常用的有五种:生产力、整体绩效、员工满意度、投资报酬率、流动率。相关研究结果见表2-1。从文献研究发现,测度企业绩效的指标多半可归类成财务性指标及非财务性指标两类,且大多集中在财务性绩效方面。非财务性指标多为顾客满意度、离职率等,而财务性指标则以获利能力、投资报酬率与市场相对占有率最常见。

表2-1   **文献中企业绩效的测度指标**

研究人员	绩效测度指标
西肖尔等 (Seashore et al., 1967)	营业额、市场渗透力、生产率、新成员生产率、成员年轻度、生产成本、维护成本、营业组合、人力成长、重视管理
玛多等 (Madu et al., 1996)	短期绩效、长期绩效 生产率、成本、利润、竞争力、销售额增长率、利润增长率、市场占有率等
斯蒂尔斯 (Steers, 1975)	适应力、生产率、获利力、增长力、发展能力、资源获取能力、消除压力能力、环境掌控能力、效率、工作满足、离职率、整合能力、沟通能力、生存能力等
科莫 (Nkomo, 1987)	传统的财务绩效指标:收入增长率、利润增长率、资产报酬率;人力资源绩效指标:人均获利额、人均资产额
米勒 (Miller, 2005)	投资报酬率、员工生产力、投资的现金流量、市场占有率、占有率稳定性
德兰尼等 (Delaney et al., 1996)	组织绩效:产品或服务质量、新产品或服务的开发、吸引员工的能力、维持员工留在组织的能力、顾客满意、管理者与员工关系、员工之间的关系 市场绩效:销售增长、市场占有率、获利能力
卡普尔等 (Kaplan et al., 2001)	企业衡量绩效的重点,从财务指标转为顾客、流程、学习与成长的指标,并将战略转化为具体可行的行动
德米拉格 (Demirag, 1997)	销售标准:市场占有率、获利率、成本控制、整体绩效 技术发展:产品设计、劳动生产率、销售、声誉、顾客服务及母公司涉入的程度等

2.1.3　信息化绩效定义与界定

2.1.3.1　信息化绩效的定义及特征

企业信息化绩效是指在一定时期内企业通过信息化投资所产生的整体绩效或成果，也即企业在一定时期内综合利用现代信息技术从事生产经营管理活动所取得的收益。企业信息化绩效的表现形式是多方面的，有形的如企业总产值、销售收入、投资报酬率，以及一些无形资产价值的变动，如工作效率的提高、客户满意度的增加等，同时还包括信息化对企业未来发展潜力的支撑作用和影响。企业信息化绩效的获得并非完全来自技术本身，虽然技术一直在革新，但技术绩效并不等于实际性收益。

信息化绩效具有以下基本特性：

①间接性。传统意义上的投资例如实物、货币、土地、厂房，这些投资的回报可以从投资回报率，成本、收益、市场占有率等获得。但是信息化投资是无形的、间接的，其收益难以被全部测度。信息化绩效大部分为隐性收益、战略收益，主要体现在"间接效益"，难以归结为"效益的货币形态"来度量，人们很难直接用传统直接收益方法来评价。

②长期性。企业信息化的渗透与企业业务流程匹配融合程度、人员的培训、管理制度的完善以及组织结构等的变革等密切相关，其价值具有潜在性，必须在企业整合资源、组织结构重组之后才能显现，故信息化收益是滞后的。

③互补性。信息化应用一般伴随着业务流程的重组和管理变革，故信息化绩效不仅仅是技术的价值，还包括与业务融合所产生的价值——IT 部门和其他业务部门共同协作、互相补充的结果。正是由于这种互补性，很难说清哪些是由单纯的信息化技术产生的收益。

由于企业信息化绩效所具备的这些特征，决定了信息化绩效评估的难度和复杂性。虽然国际性组织、国内外的大量学者与管理咨询机构从理论和实践角度对其进行了大量深入研究，但至今仍没有一种公认的、有效的方法来评估企业信息化绩效；目前仍是研究热点和难点。

2.1.3.2　信息化绩效的测度指标及其特点

国内外学者大多认为信息化绩效是信息化投入对生产率、企业收益等的影响。文献对信息化投入、绩效使用了不同的测度指标，见表 2 - 2。

表 2 - 2　　　　　　　　　　信息化绩效的测度指标

作者	信息化投入测度指标	绩效测度指标
科恩等 （Cron et al.，1983）	计算机拥有量 标准化应用个数 软件能力类型	税前利润（Pretax Profits），投资报酬率（ROI，Return on Investment），收入增长率（Revenue Growth Rates）
斯特拉斯曼 （Strassmann，1985）	IT 预算	管理收益（Return on Management）
韦尔 （Weill，1992）	战略型 IT、信息型 IT、业务型 IT——将 IT 按照使用分类	销售额增长（Sales Growth）、资产报酬率（ROA，Return on Asset）、劳动生产率（Labor Productivity）
拉夫曼 （Loveman，1994）	IT 投资	多种财务度量指标
阿曼等 （Oman et al.，1988）	单个 IT 特征	生产率（Productivity）
哈尔斯等 （Harris et al.，1989）	IT 费用占总营业费用的百分比	总营业费用占保费收入（Premium Income）的百分比（Total Operating Expense as a Percent of Premium Income）
阿尔帕尔等 （Alpar et al.，1990）	计算机应用数	关键绩效比率（key performance ratios）
马哈茂德等 （Mahmood et al.，1993）	若干 IT 投资度量指标	一些财务指标：人均营业额（S/E，Sales by Employee），销售额/总资产（Sales by Total Assets），营业净利率（ROS，Return on Sales）

续表

作者	信息化投入测度指标	绩效测度指标
班克等（Banker et al., 1990）	系统存在或不存在	投入生产率（Input Productivity）
史密斯等（Smith et al., 1993）	IT 投资 IT 效果（IT 利用率、用户满意度）	营业收入（Business Revenue） 人均营业收入（Business Revenue per Capita）
李（Lee, 2002）	信息活动、管理信息系统预算、信息系统员工预算、计算机数	ROA，ROS，净资产收益率（ROE，Return on Equity），托宾 Q 值（Tobin's Q）

不同绩效测度指标各有特点，见表 2 - 3。

表 2 - 3　　　　　　不同信息化绩效测度指标的优缺点

测度指标	优点	缺点
投资报酬率 ROI 资产报酬率 ROA	传统的财务度量，用于评估投资质量 易于理解	不能描述 IT 投资真正的成本与收益 与 IT 的战略投资、临界投资不相关
生产率	常用的度量 事务型 IT 的作用是提高生产率	难以计算服务型组织的产出 难以评估以前系统的不适当之处 不能考虑 IT 中产生收益的要素
收入增长率	IT 战略投资的目的是促进收入增长	需要时间序列数据 难以将 IT 单一投资的影响分离出来
营业收入	表明收入增长和生产率提高两个方面的影响 只反映来自主营业务的收入，不包括其他事件所产生的附加收入	与生产率和收入增长率类同
管理收益 ROM	强调 IT 和人的联合贡献 试图考虑非 IT 支出的影响	区别不了 IT 的贡献和管理的贡献
利润	一个确立的绩效度量	利润会受到非 IT 支出的显著影响

续表

测度指标	优点	缺点
绩效指标体系	若干关键绩效度量指标，与单个度量相比，能更广泛地表明绩效的含义	结果比单个度量难以解释，不如单个度量效果好
其他	具体行业的度量与实例分析与 IT 投资关系明显	不能用于跨行业或更大的范围

2.1.4 信息化影响评估研究

信息化影响评估是研究国家、地区或企业信息化投资、应用和管理对提高生产率、促进经济增长、创造就业机会、增加企业收入、减少企业成本、提高企业竞争力等绩效的影响，为决策制定提供依据。

按研究性质可以将信息化影响评估研究分为定性研究和定量研究；按研究主体可以将信息化影响评估研究分为国家/区域、行业、企业的研究；按研究数据可以将信息化影响评估研究分为宏观层面研究和微观（企业）层面研究。定量研究是研究的主流，也是难点。在定性研究中，多采用信息技术与竞争优势的说法，在定量研究中多采用企业绩效作为竞争优势的衡量指标。代表性研究分类见表 2-4。

表 2-4　　　　　　代表性研究分类

学者或机构	研究内容	研究主体	研究性质	研究数据
OECD 2008	ICT 投资对成员国 GDP 和劳动生产率的贡献	企业、行业和国家	定量	从微观到宏观
欧盟 2006 克莱顿（Clayton，2008）	通过连接不同来源数据评价 ICT 的影响，13 个欧洲国家统计局参与	企业、行业和国家	定量	从微观到宏观

学者或机构	研究内容	研究主体	研究性质	研究数据
克莱顿（Clayton，2002）	ICT 影响研究	企业	定量	微观/企业
布林约尔松等（Brynjolfsson et al.，1996）	ICT 投资与企业绩效之间关系	企业	定量	微观/企业

宏观评估主要是政府根据企业信息化总体目标的要求，建立绩效评价的标准指标体系和数据的测度方法，统一测算和颁布不同国家/区域、不同行业信息化绩效的标准值，作为不同国家/区域/行业企业进行信息化绩效横向比较的依据，以判断企业在同一区域/行业的水平地位和主要差距，更有利于绩效评估的科学性。故宏观绩效评估研究主要是在国家或地区以及产业层次上的研究，主要绩效指标有：经济增长贡献率、劳动生产率提高、全要素生产率贡献率等。

微观层面研究主要是以企业信息化体系作为主要对象进行评价，即企业或组织根据自身业务发展和信息化项目的需要，评价自身信息化实施的状态和效果。企业信息化在实施过程中往往分为几个不同层面：战略层、控制层、执行层，故微观（企业）层研究可以覆盖这三个层次，主要绩效指标包括：企业成本节省、收入增加、就业机会等指标。

本书主要涉及微观（企业）层面的信息化及其影响评估方法研究。

2.2 企业信息化绩效评估研究综述

2.2.1 国际组织

2.2.1.1 OECD

OECD 侧重于国家之间的对比研究，主要研究 OECD 成员国

ICT 资本（ICT 生产和 ICT 服务）对 GDP 和劳动生产率增长的贡献。

OECD 在信息化宏观层面研究结果颇丰，2001 年 OECD 的"增长"项目表明，ICT 投资增加了劳动生产率；ICT 生产部门提高了资本和劳动效率；ICT 使用部门提高企业的生产效率或通过网络产生了溢出效应。2005 年发现 ICT 生产部门的制造行业对劳动生产率增长有显著的作用，在 ICT 服务行业中发挥的作用较小；ICT 使用部门对总的劳动生产率贡献很少，对 OECD 很多国家，甚至在 1990～1995 年和 1995～2002 年间的贡献是减少的，对一些国家来说，在这期间仍有显著贡献，比如美国、墨西哥、澳大利亚和爱尔兰。

OECD 在微观领域即企业层面分析领域的成果也不少，通过连接不同统计来源的数据，包括企业绩效、ICT 使用、创新和组织因素；采用多种分析方法包括劳动生产率回归、多元分析和增长算法；经济绩效采用不同的指标包括劳动生产率、多要素生产率（MFP）和经济附加值。企业层面的分析表明通过使用 ICT 对企业绩效和生产率有积极影响，但是积极的影响只是发生在初级阶段，通常伴随着投资和别的改变；同时还发现不同规模、年限和行为的企业影响是不同。

2.2.1.2　欧盟

欧盟是开展这类项目研究较为深入的国际性组织之一。欧盟统计局为了研究新的方法以评估 ICT 对商业和经济的影响，于 2006 年立项确立了一个名为"通过连接不同来源的数据评价 ICT 的影响"的研究项目，参与研究的有 13 个欧洲国家统计局。该项目的主要研究目的是通过连接不同来源的企业层面的微观数据，来评估和分析 ICT 的影响，特别是 ICT 的应用如何影响企业的行为和绩效，并希望通过项目的实施，开发出一套 ICT 影响评估的工作流程。该项目经过两年的研究，于 2008 年提出了一些方法、分析结果及对未来测度的建议。

该项目关于 ICT 影响评估的研究包括两个层面：一是各国采用企业层面的微观数据，利用普通的分析方法分析 ICT 对企业的生产率、经济绩效等方面的影响和作用；二是将各国企业层面的微观数据进行汇总至项目研究小组，进行行业层面的分析及各国的比较。

欧盟的研究项目反映了目前国际上对信息化测评研究的新进展，一方面为宏观经济运行及国家制定经济发展政策提供依据，另一方面信息化测评正在向基于微观数据分析、考察 ICT 技术对微观主体行为影响为主的方向演变，侧重于评估信息化对商业和社会经济的影响。

2.2.2 欧美发达国家

2.2.2.1 美国

最具有代表性的是网络影响（Net Impact）系列研究：1999 ~ 2001 年由美国德州大学负责、思科公司（Cisco）公司支持，研究美国互联网企业的经济效益，包括就业人数等。2002 年开始扩大到欧洲一些国家，分别由美国、英国、法国和德国相应的大学实施。2002 年 Net Impact Study 系列对加拿大企业进行了研究，最新报告是 Net Impact Canada 2006（SME）。

Net Impact Study 系列目的是通过数据分析评估网络商务的投入对成本节省和收入增加的影响，以及进而导致生产率增长的比率，数据来源于邓白氏公司（Dun Bradstreet）的数据库。欧美国家劳动生产率和企业成本和收入的影响的主要研究方法由加州大学伯克利分校研发。

2.2.2.2 英国

利用微观数据测度对企业生产率的影响。克莱顿（Clayton，2002）基于 OECD 的 S 模型搜集 5 个方面数据，研究 ICT 对企业生产率、增长率和创新的影响。研究发现，硬件和软件的投资对生产率的影响显著；雇员素质水平高的企业，IT 生产率更高。考虑了行业差异和 IT 投资的影响后，使用 IT 技术的雇员生产率明显提高，劳动生产率的显著提高是由于宽带的应用。通过电子市场的供应，连接更多的企业和减少交易成本，促使价格竞争。使用电子商务处理程序产生企业绩效，服务行业和制造行业是不同的，制造企业获益更大程度上是来源于供应链管理，而服务业主要来源于与顾客的连接。表明信息化人力资本、信息化资源对企业绩效有显著影响。

2.2.2.3 其他国家

阿托斯迪克等（Atrostic et al.，2004）对丹麦 ICT 使用的劳动生产率影响问题进行了调查研究，鲍德温等（Baldwin et al.，2002）研究人员对加拿大先进技术使用的劳动生产率影响问题进行了调查研究，等等。

2.2.3 国外学术界

2.2.3.1 研究阶段及其特点

国外学术界的相关研究主要经历了 20 世纪 80 年代到 90 年代初期和 20 世纪 90 年代中期至今两个研究阶段。

（1）第一阶段：20 世纪 80 年代到 90 年代初期

这一时期研究人员发现 IT 投资与企业绩效有微弱关系或不相关（Banker & Kauffman，1988；Brynjolfsson，1993；Davenport，1993；Kettinger et al.，1994；Loveman，1994；Roach，1989；Strassmann，

1985；Weill，1992），故得出"IT 生产率悖论"的结论。所谓著名的悖论，是索洛（Solow，1987）提出的："你们处处都可以看到计算机，除了在生产率统计方面"。这一阶段的研究方法普遍采用生产函数模型和统计分析方法。

例如，拉夫曼（Loveman，1994）利用柯布－道格拉斯生产函数，控制了原材料支出、非信息技术服务、非信息技术资本和非信息技术劳动力影响等变量之后，对 1978 ~ 1983 年间美国制造行业的信息技术投资和生产率进行了分析。研究结论显示，在研究区间内，没有证据显示信息技术投资带来了较高的生产力收益和高的利润报酬率。代表性研究见表 2 - 5。

表 2 - 5　　　　20 世纪 80 年代 ~ 90 年代中期代表性研究

研究者	研究内容方法	结论
罗奇（Roach，1989）	信息从业人员的生产率 服务业，数据来源：BLS（劳动统计局），BEA（经济分析局）	IT 投资对绩效无显著影响
科恩等（Cron et al.，1983）	IT 对生产率的影响 服务业	IT 的影响不显著，IT 的影响似乎与执行者水平的高低相关
斯特拉斯曼（Strassmann，1985）	计算机开支与利润、生产率之间的关系 服务业，《计算机世界》（Computerworld）对 38 个企业的调查	IT 投资和绩效之间关系不显著
帕森斯等（Parsons et al.，1993）	IT 对各种金融服务企业绩效的影响 生产函数 加拿大银行服务业，大型银行内部运营数据	影响相当低
弗兰克（Franke，1987）	计算机投入与生产率下降的关系 金融行业数据	IT 与资本生产率的减少和劳动生产率的停滞有关
莫里森（Morrison，1991）	IT 生产率 参数化生产模型 制造业，数据来源：BEA	计算机没有增加生产率 $1 的 IT 支出仅产生 $ 0.8 的边际价值

续表

研究者	研究内容方法	结论
拉夫曼（Loveman，1994）	IT 生产率 回归分析，柯布－道格拉斯生产函数 制造业，数据来源：PIMS/MPIT（市场战略的利润影响数据库中/管理效率与信息技术子集）	IT 投资对绩效没有贡献
韦尔（Weill，1992）	不同类型 IT 投资的影响 统计分析 制造业	信息投资（如 Email 设施）和战略型系统（如销售支持）没有影响
马哈茂德等（Mahmood et al.，1993）	IT 投资与人均销售及销售回报率、总资产周转率、投资回报率等财务指标之间的关系 统计分析	单个 IT 测度指标对企业绩效有微弱的影响
尤斯瑞（Yosri，1992）	IT 投资与销售、市场份额、生产率等各种度量绩效的指标之间的关系 大型食品企业	IT 投资与绩效没有关系
班克等（Banker et al.，1988）	ATM 网络投资对存款市场份额（Deposit market share）的影响	有微弱影响
斯维耶尔威等（Kivijarvi et al.，1995）	信息系统投入与财务绩效间关系 相关分析与方差分析 36 个芬兰企业	IT 投入与企业绩效之间没有直接关系

（2）第二阶段：20 世纪 90 年代中期至今

90 年代中期，越来越多的研究表明 IT 具有积极的财务价值和市场价值。研究人员对于具体的 IT 资本（Berndt & Morrison，1995；Barua & Lee，1997）、多阶段增值流程（Markus & Soh，1993；Barua et al.，1995）、IT 的战略价值（Kettinger et al.，1994；Rai et al.，1996）等进一步研究，提供了很多的经验性证据，证明 IT 投资对企业绩效有显著积极的影响。

这一阶段的研究存在几个方面的特征：①研究结论：信息化投

资对企业绩效有积极影响，但受到其他因素（如企业、部门、行业特征）的影响，同时信息化投资与组织特征相结合会产生更大回报；②研究方法：普遍采用生产函数模型、面向过程模型和统计分析方法；③将信息化投资分为不同类型，如软件与硬件；④除财务绩效指标外，还关注市场绩效指标，认为市场绩效更能反映 IT 投资的长期绩效。

一些研究采用财务变量来衡量绩效，发现 IT 投资能提升企业的财务绩效（Barua & Lee，1997；Lee & Barua，1999）。利希滕贝格（Lichtenberg，1995）利用柯布－道格拉斯生产函数，检验1988～1991 年间信息系统劳动力和计算机资本的产出贡献，发现计算机资本和信息系统劳动力能够给企业带来真实的额外收益。布林约尔松和希特（Brynjolfsson & Hitt，1996）在生产理论、竞争优势战略理论和消费者理论的基础上，使用 1988～1992 年间 370家企业数据，采用柯布－道格拉斯生产函数来判断信息技术对生产率、利润率和消费者价值三个绩效变量的影响，研究表明，信息技术支出对生产率有积极的影响，也为消费者提供了显著的价值。

一些研究采用过程导向的方法测度 IT 的影响。巴鲁阿等（Barua et al.，1995）认为信息技术通过使企业的工作流程发生变化而提高企业竞争力，故提出一种过程导向的方法。该方法使用两阶段模型，第一阶段检验信息技术对中间变量（如设备利用率、库存周转量、质量、相对价格和引进新产品）的影响，第二阶段检验中间变量对资产报酬率 ROA、市场份额等企业绩效指标的影响。结果发现：IT 对大多数中间变量有显著的正面影响，而中间变量也对企业绩效变量有显著的影响。后续许多研究进一步采用过程导向模型研究 IT 支出和中间过程绩效之间的关系（Tippins & Sohi，2003；Sambamurthy & Bharadwaj et al.，2003），研究发现：IT 投资使中间过程绩效得以改善，并最终导致财务绩效的提高。研究人员进一步推论：单纯的信息技术并不能直接有效地带来竞争优势，在企业信息技术与竞争优势之间还应存在重要的中间变量。应该有更多的研究来分析信息技术通过哪些中间变量影响了企业绩效。

大量研究采用统计分析方法（如相关分析、回归分析、方差分析等）进行 IT 绩效研究。马哈茂德和曼（Mahmood & Mann，1993）以《计算机世界》列出的"最有效使用信息技术"的前100名公司作为研究样本，使用典型相关分析检验了信息技术投资与财务绩效变量（如 ROA、销售增长率、生产率、市场价值等）之间的关系，发现信息技术投资和组织绩效之间存在显著的相关关系。马哈茂德和曼（Mahmood & Mann，2005）又以美国 300 家来自航空、消费产品和服务、金融、石化、制造、制药等多个行业 1991~1993 年的数据为样本资料，使用统计方法进行分析，证实了 IT 投资能够提高企业的绩效和生产率。巴拉德瓦杰（Bharadwaj，2000）利用企业市值对计算机资本、其他资产和一系列控制变量进行回归分析后，发现 IT 资本支出和 5 倍左右的公司市值增量相关，显著高于其他资本支出对企业市值的影响。多斯桑托斯等（Dos Santos et al.，1993）认为 IT 作为创新性技术可以提升企业的市场价值和业绩，通过统计检验发现企业业绩和 IT 技术的使用具有正相关关系。安德森（Anderson，2000）研究了 IT 支出对公司市值的影响，发现它们之间存在正向关系。林等（Im et al.，2001）在多斯桑托斯（Dos Santos，1993）等人研究的基础上开展后续研究，发现特定类型的信息技术投资公告产生了股票的超常收益，给企业带来不同程度的价值回报。

代表性研究见表 2-6。

表 2 - 6 　　　　　　　　 20 世纪 90 年代中期以后的代表性研究

研究者	研究内容方法	结论
伯恩特等（Berndt et al.，1995）	制造业 IT 投资与劳动力生产率和多要素生产率的关系 统计分析，数据来源：BEA	IT 投资与技能劳动力的需求增加相关
布林约尔松、希特（Brynjolfsson & Hitt，1994）	信息系统支出与企业产出的关系 生产函数模型 367 家 US 大型企业，数据来源：IDG（International Data Group，国际数据集团），BEA	IT 提高了生产率：IT 资本每年给产出增长贡献 1%，大大超过其他资本
韦尔（Weill，1992）	不同类型 IT 投资的影响 统计分析；制造业	事务型信息系统（如数据处理）对生产率有显著贡献
哈里斯等（Harris et al.，1989）	IT 支出比率与各种绩效比率之间关系 保险业，40 家企业，数据来源：国际寿险管理协会	正相关
阿尔帕尔等（Alpar et al.，1990）	测度 IT 价值 两种方法：基于关键比率的方法，源自微观经济理论的成本函数 数据来源：多家银行	不确定的 用于评估 IT 影响的方法显著影响到结果
拉伊等（Rai et al.，1996）	IT 投资与 IS 部门效率对绩效的影响 统计分析 210 家企业	IS 预算与销售额绩效正相关 IS 部门效率不影响 IS 预算与绩效之间关系，但除市场份额之外
李和巴鲁阿（Lee & Barua，1999）	IT 资本对生产率的贡献 生产函数模型	IT 投资有显著的正收益
利希滕贝格（Lichtenberg，1995）	计算机资本与从业人员对产出的贡献 回归分析，生产函数模型 数据来源：IDG，信息周刊（Informationweek）	计算机资本和 IS 劳动力显著增加了生产率
多斯桑托斯等（Dos Santos et al.，1993）	IT 投资公告对市场价值的影响 面向过程模型	创新的 IT 公告有正的净现值
布林约尔松（Brynjolfsson，2000）	IT 能力与企业绩效之间关系 统计分析，56 家信息化领先企业与另外 56 家对照企业	卓越的 IT 能力与企业绩效之间呈正相关关系
迪维尔等（Dieweri et al.，1994）	测度 IT 生产率 案例分析 加拿大一个大型零售配送企业	多因素生产率每季度增长 9.4% IT 使得企业准确追踪买卖和最小化库存持有成本，从而增加生产率

2.2.3.2 IT 生产率悖论的主要解释

国外两个阶段的研究结果表明：IT 回报的经验证据不一致。例如，拉夫曼（Loveman，1994）曾报告从 60 家制造企业在 1978～1984 年期间情况看，IT 没有显著的边际收益；而李和巴鲁阿（Lee & Barua，1997；1999）采用同一数据集的研究表明 IT 资本对生产率有显著贡献。

研究结果虽然不尽相同，但随着科技的发展和认识水平的提高，人们越来越倾向于认同信息技术的商业价值。而对于产生不一致研究结果的原因，一些研究人员做出了解释，认为研究存在一些问题：测度生产率或投资的问题，延迟的结果，与代理成本相关的过渡投资，或零和游戏（对一些企业有积极作用，但对另一些企业是副作用且在行业层面没有任何改变），具体如下：

（1）测度问题

测度 IT 投资，主要集中在相对可观察的方面，如计算机硬件的价格和数量，忽视了许多在开发新的配套产品、服务、市场、业务流程和员工技能等方面的无形投资。同时，传统的增长计量方法是通过估计生产函数来测度信息技术投资对产出的贡献，它只关注产出的可观察方面，如价格和数量，而忽视了在质量、产品种类、客户服务、速度和响应方面的改善。因此，投入与产出方面的测度误差都可能导致结果的变化。

（2）时间滞后问题

在 IT 投资和获得实际收益之间存在时滞。IT 价值可能在短时期内不会体现出来。由于需要一个时期的学习、调整和重构组织环境，IT 投资对产出的长期影响会大于短期影响。

（3）利润的重新分配和分散

在一些企业利用 IT 取得竞争优势，从而抢占较大市场和利润份额的同时，其他企业会因此而丧失部分市场和利润份额，最终整个经济的规模并没有扩大。

（4）IT 管理不善

在进行 IT 投资时，企业决策者不是从企业利益角度出发作决定。这种情况下做出的 IT 投资决定，或许正在增加了企业闲置资源，建立无效系统，或者使用过时的标准，不可能创造利润。

（5）其他可能的原因

研究人员对其他一些问题做出了理论解释，如 IT 对其他生产要素的替代、市场理论、分析工具不当等所产生问题；没有控制一些相关因素，如企业特征、行业特征，因而不能准确估计（区分）IT 资本与其他资本（如组织行为）的影响的问题；等等。

IT 生产率悖论的主要解释见表 2-7。

表 2-7 　　　　　　　　　IT 生产率悖论的主要解释

解释	作者
投入与产出的测度：测度 IT 投资的问题、测度生产率的问题、测度信息技术产出的问题	布利约尔松（Brynjolfsson, 1993）；布利约尔松和杨（Brynjolfsson & Yang, 1996）；施赖尔（Schreyer, 2001）；格瑞里茨（Griliches, 1995）；翁林纳和西奇尔（Oliner & Sichel, 1994）
学习与调整引起的滞后、延迟的结果	施赖尔（Schreyer, 2000）；美国国家科学基金会与国家科学委员会 2000
利润的重新分配和消失：对一些企业有积极作用，但对另一些企业是副作用且在行业层面没有任何改变（零和游戏）	布林约尔松和杨（Brynjolfsson & Yang, 1996）
管理不善：存在过渡投资问题，管理者不是真正从企业利益角度进行 IT 投资	布林约尔松（Brynjolfsson, 1993）
缺乏适合的控制因素 存在样本偏差等相关问题	多斯桑托斯等（Dos Santos et al., 1993）；布林约尔松和希特（Brynjolfsson & Hitt, 1996）；卢卡斯（Lucas, 1993）

国外研究人员已经认识到 IT 生产率悖论问题有着多方面的原

因，要使信息技术对企业和社会产生应有的作用，就必须对企业组织、管理、技术革新、业务流程和人员劳动力等相关方面作出相应的变革和调整。信息技术的更大作用也正是体现在对这些方面产生巨大影响和起推动作用上。故研究重点已经转向如何应用IT提高绩效，如何利用企业互补性要素使IT产生更加积极的作用。

2.2.4　国内主要研究

2.2.4.1　国内主要机构

（1）国家统计局相关研究

国家统计局从1996年就开始致力于对国家间、地区间信息化水平测评的比较分析研究工作，并在这一方面积累了丰富的经验。1999年，相关课题组提出一套信息化水平总指数的指标体系，用于计算国家以及各地区的信息化水平，并对中国及各地区1995～1998年信息化水平和发展状况进行了初步测算。2004年，课题组进一步完善了信息化水平的测评指标体系，并收集大量数据资料，用这套指标体系对世界30个主要国家1999～2001年的信息化水平和发展状况进行了测算。2006年，课题组继续对指标体系进行修改，形成的指标体系包括信息化基础设施指数、使用指数、知识指数、环境与效果指数和信息消费指数等五个分类指数，再下层有十个具体指标。课题组用这套指标对1995～2004年中外信息化发展指数进行测算与比较，发现这个时期世界信息化发展指数增长较快，而中国信息化发展总指数在世界的位次较低，而且用这套指标对1995～2007年世界各国与地区信息化发展指数进行测算，发现中国与世界平均水平相比较，差距有所缩小，但与发达国家的差距仍然较大。近几年来，国家统计局统计科学研究所信息化统计评价研究组提出信息化发展指数（Ⅰ），成为国家"十一五"信息化发展规划的综合性指标，并在进一步优化信息化发展指数指标体系和完善统计监测方法基础上提出信息化发展指数（Ⅱ），指数（Ⅱ）被引入《国民经济和社会发展信息化"十二五"规划（草案）》和 2013 年发布的《信息化发展规划》，用于综合评价和监测国家信息化发展的进程及总体目标的实现。研究组利用信息化发展指数对中国和 31 个省（自治区、直辖市）信息化发展进行统计监测，并与国外一些主要的国家进行国际比较研究，为中国政府了解中国及各地区信息化发展水平以及中国信息化发展在世界中的地位和发展情况做出了重大贡献。

（2）国家信息化测评中心

国家信息化测评中心于 2002 年正式推出了中国第一个面向效益的信息化指标体系，以全面评估中国企业的信息化发展和应用水平。这个指标体系由基本指标、效能指标和评议指标三部分组成。基本指标由战略地位、基础建设、应用状况、人力资源、安全与效益指数等 6 个一级指标和 21 个二级指标构成。效能指标由 2 个一级指标、9 个二级指标和 17 个三级指标组成。评议指标配合基本指标、补充指标，是对影响企业信息化实效的特殊非定量因素进行判断的评估指标。该指标体系适用于政府从宏观的角度对企业信息化进行总体评估。

（3）北京大学网络经济研究中心

2000 年，北京大学网络经济研究中心发表"中国企业信息化水平指标体系研究"一文，其建立了包括 8 个一级指标、28 个二级指标偏重于信息化基础设施及其应用绩效方面的企业信息化评估体系。该指标体系基本涵盖了企业信息化的方方面面，但是指标设置中对资金投入的考虑太重，28 个二级指标中有 7 项指标反映企业信息化投入情况，因为经费的投入多少只能说明企业管理者对信息化的重视程度，不能反映企业信息化所达到的程度和水平，而且盲目追求信息化的经费投入，可能违背适度信息化原则，从而给企业带来经济损失。

另外，北京大学网络经济研究中心还开展了《ERP 对中国企业绩效影响研究》。该研究参考布林约尔松和希特等（Brynjolfsson & Hitt et al.，2002）对美国上市公司的同类调查，结合中国国情展开研究，获得了一些初步的研究成果。该研究采用四个常用财务指标作为主要的绩效度量指标：每股收益、净资产报酬率、资产报酬率和净利润率，在对 2004～2005 年中国制造业 247 家上市企业的调查数据进行了统计与分析后，发现采用企业资源规划（Enterprise Resourse Planning，ERP）企业的绩效明显高于未采用企业。

2.2.4.2　学术界

国内有关信息化影响的定量研究起步较晚，从具体指标的定量研究到企业信息化定性结论，基本上都是在国外已有成果的基础上进行的。国内代表性研究见表 2 - 8。

表 2 - 8　　　　　　　　　国内学术界相关研究

研究者	研究内容方法	结论
彭赓等，2008	企业信息化水平与竞争力关系统计分析，信息化 500 强上市公司	企业信息化水平正向地影响其竞争能力，规模越大的企业影响越明显，且影响有一定时滞效应
杨道箭等，2008	企业 IT 能力与企业绩效之间的关系 统计分析 配对样本比较方法	具有卓越能力的企业会表现出更好的绩效 这些企业具有显著较高的 ROS、ROA、ROE、S/E 等
李治堂等，2008	信息技术投资生产率 生产函数，回归分析，上市公司	信息技术投资是对产出具有积极的贡献（对主营收入、净利润等绩效指标具有积极的影响）

续表

研究者	研究内容方法	结论
汪淼军等，2007	信息化、组织行为和组织绩效 生产函数，回归分析 浙江企业	信息化投资显著提高企业生产绩效、竞争力和创新能力。组织行为能提高企业绩效，而关键在于其与信息化资本、员工与经理合作间的互补性
王立彦等，2007	ERP 与企业绩效之间关系 统计分析，70 家实施 ERP 的企业与 70 家未实施 ERP 的对照企业	实施 ERP 的企业比未实施 ERP 的企业的财务绩效（ROA、ROI、ROE、ROS）好。实施了 ERP 公司的业绩指标明显变好
林丹明，2007	制造业信息技术投资效果 回归分析，制造业上市公司	信息技术投资有助于改善企业绩效（主营业务利润率），但效果将与细分行业特征的差异相关
张成虎，2006	信息技术投资对商业银行绩效的影响 回归分析	ATM 投资对国有商业银行绩效（ROA、ROE）具有正面的影响
邵兵家等，2005	电子商务活动对绩效影响 回归分析 IT 上市公司	电子商务活动对绩效有积极作用（与营业成本、销售收入、存货周转率和每股收益 4 个财务绩效指标分别正相关）
王铁男等，2006	企业信息化绩效评价 平衡计分卡，层次分析法	提出一套企业信息化绩效评价指标体系和测算方法，并进行实例验证
郝晓玲等，2005	企业信息化绩效评价 平衡计分卡等	提出信息化战略层、管控层、项目层三层评价框架和实施方法
郭伟等，2011	信息技术投资转化效率影响 DEA（数据包络分析）和杜宾（Tobit）	企业结构特征起到重要的影响，高层管理者的支持、管理人员的设置、员工受培训的程度和 IT 应用经验也有不同的影响
黄慧君等，2013	企业 IT 投资绩效 DEA（数据包络分析）和杜宾（Tobit）	企业内部因素（组织规模和组织结构）显著影响信息技术投资绩效
张之光等，2015	中国 IT 投资绩效 生产函数，计量经济模型，宏观层面	信息技术投资对中国经济增长的影响不显著，国家特征和信息技术可能存在互补关系

从代表性研究看，国内信息化测度研究存在一些局限：

①用单个技术度量信息技术。例如，张成虎等（2006）的研究采用"ATM 安装数"作为信息技术的度量；

②用信息化资本度量信息化水平，且重硬件设施，忽略对软件、人员及培训等方面投入的测度。例如，林丹明等（2007）的研究用"电子设备的价值"表示信息技术价值，汪淼军等（2006）的研究从计算机硬件设备和通信设备两方面测度信息化资本。用这些指标测度信息技术投资不够全面。另外，信息技术资本不一定能够体现企业信息化应用程度和水平。

③缺乏对互补资源的系统、综合测度。例如，李堂等（2009）基于布林约尔松和希特等（Brynjolfsson & Hitt et al.，1993；1996）的研究，验证了信息资本与人力资本之间的互补性对企业绩效的影响，但影响企业信息化绩效或行为的因素很多，人力资本固然是一个重要的交互因素，却不足以综合解释企业信息化影响的成因。

④缺乏全面反映信息化应用程度的信息化测度指标。国内学者对信息化水平的度量大多以国家信息化测评中心发布的企业信息化指数为依据，例如，彭赓等（2008）的研究选择国家信息化测评中心发布的连续五年的信息化 500 强企业作为样本库，作者依据信息化 500 强排名序号，经过转换处理后，得出企业信息化水平得分；杨道箭等（2008）采用配对样本比较方法研究企业优秀 IT 能力与企业绩效之间的关系，优秀 IT 能力的样本源自国家信息化测评中心评选的中国企业信息化标杆企业和 500 强企业。而其指标体系也存在一些问题，如指标设置过多，不利于实际操作，另外，也不能直接体现信息化的应用水平，难以找出关键的影响因素。

总体来看，国内研究人员已经证实了信息化/信息技术对企业财务和市场绩效的积极作用，并且认识到信息技术对绩效的影响要受到人员、创新、组织文化和组织行为等各种调节因素的影响。但是，目前国内学术界信息化影响实证研究缺乏。大多研究还是停留在问题和现象的描述以及定性分析方面，定量分析工具使用较少，深入系统的研究较少，考虑的因素也不全面，故研究成果有限。

2.3　本章小结

本章主要针对信息化影响测评研究进展的相关文献进行了回顾。从以上研究现状，可以发现企业信息化影响测评研究存在一些问题，主要问题如下：

（1）从信息化投入视角测评信息化水平的研究居多

目前绝大多数信息化影响测评研究其实是着眼于信息化（信息技术）投入角度的信息化水平评价，即从信息化软硬设备、信息化人员、信息资源开发利用等投资角度综合考察企业所处信息化的水平或阶段。但是，信息化投入高并不意味着企业信息化水平高，以信息化投入为主的"信息化水平"不能代表企业实际的信息化水平。用信息化投入视角度量信息化水平，构建的指标体系缺乏系统性，难以全面和正确地衡量企业信息化水平。

（2）从传统的财务角度考察信息化效果的研究居多

从绩效定义来看，绩效不但指该过程的产出结果，也指一个过程的表现。企业信息化影响应该是信息技术融入企业生产、经营、管理活动中的过程，同时强调在这个过程中有效配置信息资源后所取得的业务成果。而目前国内众多的相关研究是从传统的财务角度衡量企业信息化效果，难以做到信息化过程影响和信息化产出结果评价的统一，不能准确反映企业真实的信息化影响。

（3）缺乏对企业信息化与企业影响内在联系的研究

一方面，以往研究大多认为信息化与其影响是投入产出之间的一般联系，过分强调基于企业层级的产出度量。但实际上，在企业信息化投资额与企业市场绩效、销售绩效和财务绩效之间不存在简单明确的联系。往往是信息化投资的数量决定了投资的质量，决定了企业信息化投资效果。另一方面，以往研究忽视 IT 和企业自身业务能力的融合在信息化影响中的作用，经营管理问题是造成企业间信息化投资效果巨大差异的一个重要变量。

（4）缺乏有效的评估模型和评估体系

国内外相关研究提供了种类繁多的实践工具，但同时也使研究陷于"模型很多但好模型很少"的困境。如何实现信息化的真正效益，仍是学术界有待解决的难题。同时，国内外研究发展至今，面临的共同问题是如何处理评估过程中的各种因素。企业绩效的特征既反映在最终的输出上，也反映在企业运营过程中各环节的变化上。所以，为了更好地分析和评估企业信息化绩效，需要建立以综合分析为导向的评估模型和体系。

（5）缺乏测度标准，数据基础薄弱

信息化影响测度研究需要比较完整的企业数据库数据作依托。发达国家数据较为齐全，开展测度研究相对容易。中国由于缺乏权威、公认的测度标准，尚没有建立相应的数据库系统。目前国内信息化影响评估研究数据来源不同，变量量化标准不同，致使难以进行研究结果的深度分析和直接对比。

第 3 章　信息化影响测评研究的理论与方法

为了保证信息化及其影响评估方法研究提出的企业信息化测评指标体系、测度模型有一定的理论基础和研究意义，对现有信息化影响测评研究的研究视角、研究理论、研究方法进行分析总结，是十分必要的。本章的研究思路为：①对有关信息化影响评估研究视角进行分析探讨；②对现有信息化影响评估理论进行评述；③回顾有关信息化影响研究方法。本章研究内容将为后续研究提供理论与方法依据。

3.1　信息化影响测评研究视角

从 20 世纪 90 年代开始，企业信息化建设在我国企业中普遍开展起来，企业通过实施信息系统、重组企业业务流程、对企业相关人员进行培训等多种措施提高整个企业的信息化水平，提高企业自身的核心竞争力。企业和信息技术的关系越来越密切。

企业信息化绩效评价是指对照统一的标准，建立特定的指标体系，运用数理统计、运筹学等方法按照一定的程序，通过定量定性对比分析，对一定经营期间的信息化过程表现和信息化效果做出客观、公正和准确的评判。从相关文献的研究视角可以看出，研究者大致从两个方面对企业信息化应用、投资和经营等对企业绩效的影响进行了研究。

3.1.1　基于信息化应用视角

一些学者认为应该从信息化的具体应用方面来研究与企业绩效

的关系。例如，戴瓦拉吉和科利（Devaraj & Kohli，2003）主张 IT 影响的关键因素不是 IT 技术投资，而是 IT 技术的实际使用效果，并通过对 8 家医院的 IT 技术使用情况与各种财务和非财务绩效之间关系的实证研究，验证了 IT 技术使用与医院收入和质量之间显著正相关的关系。凯福尔等（Kaefer et al.，2004）认为组织约束对 B2B 电子商务业务绩效有影响，通过对 86 家消耗电器公司的调查分析，证明组织间环境、约束条件对绩效有显著影响。索托—阿科斯塔等（Soto – Acosta et al.，2009）关注互联网技术对企业绩效的影响，通过对 1010 个企业的调查分析，发现互联网技术本身与绩效并不相关，但对引导电子商务活动起着关键作用，而电子商务对企业绩效有积极影响。北京大学网络经济研究中心也对 ERP 使用与企业绩效关系进行了研究，发现实施 ERP 项目的样本企业各项财务绩效均明显高于市场同期平均绩效，多数样本企业在净资产收益率、资产收益率以及净利润率方面呈逐年增长态势。

3.1.2 基于信息化投资视角

很多学者研究信息化投资与企业绩效的关系，测量企业信息化设备投资对企业绩效的影响，例如大型主机、PC 机、个人电脑等投资，例如布林约尔松和希特（Brynjolfsson & Hitt，1996）、拉伊等（Rai et al.，1997）、莱尔和利希滕贝格（Lehr & Lichtenberg，1999）。

这类研究主要从三个角度进行：

（1）关注生产率

这类研究通过关注生产率，研究 IT 花费产生的影响。例如罗奇（Roach，1989）属于最先提出生产率悖论观点的研究，乔根森和施特里希（Jorgenson & Strich，1995）的研究通过比较 1972 年前后的生产率增长情况得出 IT 投入和产出之间的负相关关系；而

一些研究，如塔姆（Tam，1998）、克雷默等（Kraemer et al.，
1999），则得出正相关关系的结论。

（2）关注过程

这类研究通过中间变量将资产投资与产生的影响联系起来。韦
尔（Weill，1992）引入一个模型说明 IT 投资和影响 IT 投资的企业
环境与企业绩效的关系，将企业的 IT 投资通过转换效果这一中间
变量与企业绩效相连，强调转换效果的重要性。此后许多学者开
始提出模型用来研究 IT 投入与企业产出之间的转化过程。例如，
史密斯等（Smith et al.，1993）认为 IT 效果是 IT 投资与绩效之间
的一个关键的中间环节，IT 投资多的企业不一定提高了绩效，提
高绩效的关键在于所采用 IT 的效果，即技术是如何利用的。塔隆
等（Tallon et al.，1997）证明了 IT 对企业绩效的影响可以通过对
业务过程的影响来进行评价。

（3）关注 IT 资源

基于资源的概念吸引了一些学者的注意，并借此来挖掘 IT 投
资及其价值间的关系。拉伊等（Rai et al.，1997）通过关注 IT 花
费在 IT 基础设施各方面的分配来比较多项绩效指标，以此评价信
息技术的重要性。此后越来越多的学者从这个角度进行了信息化
绩效评价的研究。

3.2　信息技术采用与扩散理论

从信息技术应用与扩散视角，研究人员通常多采用以下理论作
为研究基础。

3.2.1　TAM 模型

戴维斯（Davis，1989）提出了技术接受模型（Technology

Acceptance Model，TAM），TAM 被广泛应用于预测和解释用户行为和 IT 使用，它试图以此解释影响用户接受或拒绝一项新技术的原因。TAM 认为感知有用（Perceived Usefulness）和感知易用（Perceived Ease of Use）是影响信息系统使用最关键的两个因素，外部变量间接起作用，影响使用态度、行为意图，并最终影响使用行为，如图 3 – 1 所示。

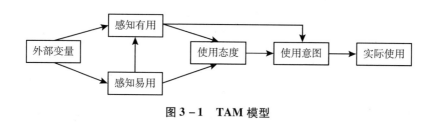

图 3 – 1　TAM 模型

2000 年，文卡塔斯和戴维斯（Venkatesh & Davis，2000）与文卡塔斯（Venkatesh，2000）对 TAM 模型做了修订，提出了 TAM II。TAM II 清楚地定义了感知有用和感知易用的外部变量，提供了一个改进多层模型的具体方法。例如，文卡塔斯和戴维斯（Venkatesh & Davis，2000）定义感知有用的外部变量，如社会影响（主观规范）以及认知辅助（工作相关性、形象、质量、培训、结果的可论证性），改变了先前模型中感知有用仅仅决定于外部变量和感知易用的格局。文卡塔斯（Venkatesh，2000）定义了感知易用的外部变量，如支柱（计算机自我效能、外部控制感知、计算机焦虑、计算机玩趣）和调节（愉悦感知、客观可用性）。

TAM 在信息系统研究领域有着广泛的应用。李等（Lee et al.，2003）对 TAM 研究历史进行过研究，发现 SSCI（Social Science Citation Index，社会科学引文检索）期刊引用 TAM 共 698 次，在 IS 研究领域所有出版物中占到 10%。研究人员在不同情境（如时间和文化）下，采用不同控制因素（例如，性别、组织类型与规模）和不同主体

（如本科生、研究生、知识工人），将 TAM 应用于不同技术（例如，字处理、E-mail、WWW（world wide web，万维网）、医院信息系统）。TAM 研究中最常使用的外部变量有系统质量、培训、兼容性、复杂性、计算机焦虑、自我效能、愉悦、支持、经验，见表 3 − 1。

　　然而，TAM 有其局限性，例如，它可能会忽略一些资源的外部影响。研究人员试图通过集成其他理论模型和引入新的外部变量不断改进 TAM，并将其应用于不同环境、系统、任务、主体。

表 3 − 1　　　　　　　　TAM 研究中常用的变量

变量	说明	研究者
系统质量，System Quality	对系统执行的任务与工作目标匹配程度的感知	莱德雷尔等（Lederer et al.，2000）
培训，Training	从业人员接受的微机相关技能和专业知识的培训程度	伊哥伯利亚等（Igbaria et al.，1995）
兼容性，Compatibility	创新与现有价值、需要、潜在采用者过去的经验一致的程度	金和戈帕尔（Chin & Gopal，1995）
复杂性，Complexity	创新难以使用的程度	普雷姆库玛和波特（Premkumar & Potter，1995）
计算机焦虑 Computer Anxiety	在面临有可能使用计算机时的个人担心，甚至恐惧	蒙塔日美等（Montazemi et al.，1996）
愉悦感知 Perceived Enjoyment	使用具体系统时的感受是愉快的	金和戈帕尔（Chin & Gopal，1995）张等（Teo et al.，1999）
管理支持 Management Support	管理人员在确保充分资源配置和作为改革促进者创造有助于 IS 成功环境方面的支持程度	伊哥伯利亚等（Igbaria et al.，1997）
经验，Experience	获取的经验	杰克逊等（Jackson et al.，1997）
促进条件 Facilitating Conditions	有关资源因素（如可能限制使用的时间、金钱、IT 兼容性问题）的控制信念	泰勒和托德（Taylor & Todd，1995）
自愿，Voluntariness	自愿使用创新的程度	巴尔基和哈特威克（Barki & Hartwick，1994）

续表

变量	说明	研究者
相对优势 Relative Advantage	创新的优秀程度	摩尔和班巴沙特（Moore & Benbasat，1991）；普雷姆库玛和波特（Premkumar & Potter，1995）
可观测性，Observability	创新结果被他人观测得到的程度	摩尔和班巴沙特（Moore & Benbasat，1991）
试用能力，Trialability	创新在采用前被试用的程度	摩尔和班巴沙特（Moore & Benbasat，1991）
形象，Image	创新使用增强了在社会系统中的形象或地位	文卡塔斯和戴维斯（Venkatesh & Davis，2000）
自我效能，Self efficacy	有能力执行一种具体行为的信念	周（Chau，2001）
社会影响 Social Influence	绝大多数重要人物认为他/她应该或不应该执行争论中行为的人的感知	文卡塔斯和戴维斯（Venkatesh & Davis，2000）
Objective Usability 客观实用性	这个变量允许在完成具体任务的实际效果方面对系统进行比较	文卡塔斯（Venkatesh，2000）
工作关联，Job Relevance	系统能够增强个人绩效的能力	文卡塔斯和戴维斯（Venkatesh & Davis，2000）
态度，Attitude	喜欢或不喜欢的程度	周（Chau，2001）
结果可论证性 Result Demonstrability	采用/使用创新的结果是观察得到和能够表达的	文卡塔斯和戴维斯（Venkatesh & Davis，2000）

3.2.2 创新扩散理论

影响复杂创新扩散和应用研究的第二个理论视角，是创新理论的权威罗杰斯（Rogers）的创新扩散理论（Innovation Diffusion Theory）。根据罗杰斯（Rogers，2003）的定义：创新是被个人或采用单位看作的新思想，或新实践，或新事物。

罗杰斯（Rogers）基于个人创新理论，将组织视为一个稳定的个人系统，提出用创新扩散理论来解释和预测组织创新相关的决定和行为。它将影响组织创新水平的关键因素归纳为几类因素：创新特征（可试用性、相对优势、兼容性、可观测性、复杂性）；社会系统特征（如个人、群体、组织、决策制定者、创新拥护者、高层管理）；组织内部特征（包括集中化、复杂性、形式化、内部联系、松弛资源、规模）；以及组织外部特征（如系统开放性）。

IS 领域很多研究都基于创新扩散理论考察过这些创新特征及其影响，见表 3 - 2。

权和泽玛德（Kwon & Zmud，1987）进一步扩展了这个因素分类。他们综合了 IT 实施和创新扩散研究，识别了 5 类影响 IT 创新扩散的因素。这些类因素包括：个人属性（教育、经历、变革阻力）、任务属性（不确定性、自主性、类型等）、技术属性（复杂性、兼容性等）、组织属性（专业化、集中化、形式化等）和环境因素（不确定、组织间依赖等）。

表 3 - 2　　　　　　　　　创新扩散理论的应用

研究者	研究方法	因素	因变量
库珀等（Cooper et al.，1990）JMIS	n = 52，美国制造业 logistic regression	兼容性 复杂性	信息技术实施：采用和注入，二分变量
迪大尔等（Dewar et al.，1986）MS	n =40，制造商 t - test，回归分析	外部公开，复杂性，知识深度，管理态度，集中化，规模	两类创新的采用：根本的，渐进的
格罗弗等（Grover et al.，1993）JMIS	n =154，美国企业 因子分析 多元回归	环境：不确定性 组织：规模，集中化，形式化，专业化 IS：成熟性	电信技术：创建，采用，实施
金柏利等（Kimberly et al.，1981）AMJ	数据库：康奈尔（Cornell）大学，美国医院协会 回归分析	领导：工作任期，见识，教育背景，组织参与 组织：集中化，专业化，规模，功能差异，外部集成 环境：竞争，城市规模	技术创新：12 种医疗技术的采用情况 管理创新：EDP 在 8 个管理职能上的使用情况

续表

研究者	研究方法	因素	因变量
迈耶等（Meyer et al., 1988）AMJ	n＝300，25家医院回归分析	创新：风险，技能，可观测性 环境：城市化，富足，健康保险 组织：医院规模，复杂性，市场策略 领导：CEO任期，CEO教育，职员医疗教育近况 创新决策：兼容性，CEO支持	创新的吸收：12个医学创新，9-point Guttman-type scale
拉伊等（Rai et al., 1997）DS	n＝210 因子分析 方差分析（ANO-VA） 多元回归	环境：不确定性 组织：高层管理支持，组织规模 IS：IS支持，IS部门规模	经理信息系统（决策支持，协作支持）： 采用—采用，不采用 采用水平—支持程度
托奈茨基等（Tornatzky et al., 1982）ITEM	n＝75 元分析方法	方法类型，特征分类，创新数目，创新单位，实证发现和统计检验	创新的采用与实施
阿姆斯特朗等（Armstrong et al., 1999）ISR	抽样调查，大中型企业，因子分析，方差分析（ANOVA），偏最小二乘法	高层领导知识 认识体系 IT基础设施的完善 组织规模	IT吸收： 经营策略 价值链活动

文献建议使用和扩展创新扩散理论来研究IT扩散、采用和实施。20多年来，许多研究者应用创新扩散理论研究IT采用和实施。

3.2.3　TOE模型

在Roger创新特征的基础上，研究者还结合其他方面特征，提供了更丰富、更具解释力的模型。托奈茨基和弗莱金（Tornatzky & Fleischer, 1990）开发了TOE框架，TOE框架用于对创新的影响因素进行分类，从技术、组织、环境三个范畴分析创新应用和实施。技术因素描述企业相关的现有技术和新兴技术。组织因素涉及组织相关的描述性测度，如组织规模和范围；管理机构的集中性、形式和复杂性；人力资源质量；内部冗余资源数量。环境因素是企业开展业务的环境，如客户、行业，竞争者，外部资源获取，政府往来等。

TOE 框架与罗杰斯（Rogers）的创新扩散理论是一致的。罗杰斯的创新扩散理论中，除了强调技术特征的影响外，还识别了三种预测因素——社会系统特征、组织内部特征（集中性、形式、复杂性、相互关系、企业冗余资源、规模）、组织外部特征（系统开放性）。罗杰斯认为技术特征与组织内部、外部特征都是创新扩散的驱动因素。社会系统特征可视为具体的组织内部特性，可见TOE 框架符合罗杰斯的理论分析。

TOE 框架在信息系统领域已被广泛应用与考证，尤其在 EDI（Electronic Data Interchange，电子数据交换）方面。伊亚科武等（Iacovou et al.，1995）在 EDI 应用研究中提出许多重要的促进因素和抑制因素。他们研制了一个模型，包括技术、组织、环境三方面影响因素，并使用 7 个案例研究检验模型。这个模型后来进一步被其他研究者加以验证。例如，库安和周（Kuan & Chau，2001）在关于小型企业采用 EDI 的研究中，开发了一个 TOE 概念框架，包括 6 个因素——直接收益、间接收益、成本、技术能力、行业压力、政府压力，并使用 575 个香港企业数据进行实证评价。该研究证实了 TOE 框架对研究技术创新的有效性。

其他信息系统领域的研究也对 TOE 框架提供支持。例如，唐（Thong，1999）研究小型企业 IS 应用，收集 166 家新加坡企业数据，对信息系统应用与技术、组织、环境特征之间的关系进行验证，他建议未来研究可以建立在所提模型的基础上并加以扩展。再如，周和塔姆（Chau & Tam，1997）应用 TOE 框架研究开放系统应用，采用 89 个组织数据分析证明 TOE 框架在解释复杂 IS 创新应用方面的价值。该研究还建议未来研究可将所提 TOE 框架扩展到其他创新领域。

文献普遍利用 TOE 框架研究不同类型的创新，其理论背景为我们研究不同范畴信息化特征与信息化影响之间的关系奠定了基础。

3.3 信息化绩效评估理论

学者们采用各种概念、理论、分析以及实证研究方法，研究企业信息技术应用对组织绩效的影响。概念与理论研究运用理论和基础观察来说明信息技术价值（Mata et al.，1995）。分析研究运用博弈论及其他建模技巧来发展信息技术业务价值模型，帮助理解可替代的信息技术投资与所有权制度以及竞争环境角色的组织绩效含义（Bakos & Nault，1997；Clemons & Kleindorfer，1992）。案例研究及实证研究对流程、业务单元、企业、行业以及国家水平的信息技术业务价值进行评估（Dewan & Kraemer，2000）。

同时，研究者多运用以下理论来考察信息技术对组织绩效的影响。

3.3.1 基于微观经济学理论

信息化对企业绩效影响研究经常采用经济学理论，微观经济学理论提供了一系列丰富理论模型和数学说明。学者们的实证研究大多以微观经济学的生产理论为基础，采用生产函数框架研究信息化投入与产出之间的定量关系，探索信息化对企业绩效的影响。

通常，这些研究将传统资本、劳动力投入和信息技术资本作为自变量，研究信息技术对企业绩效的贡献。

文献已经证明微观经济学中的生产理论在信息技术经济影响评估的实证规范上非常有用，在这一理论基础上已取得很多经验性证据。例如布林约尔松和希特（Brynjolfsson & Hitt，1996）和利希滕贝格（Lichtenberg，1995）等，他们将传统资本、劳动力投入和信息技术资本作为自变量，研究信息技术对企业绩效的贡献，发现信息技术对企业绩效有积极的贡献。

以微观经济学理论为基础的研究强调投入产出的关系，研究局限于信息化资本单独对绩效的影响，例如计算机资本、信息系统劳动力。后来的研究发现：增加一些适当的补充投资（如新的组织行为、新的人力资源实践和重组工作流程等等）更能够深入探索 ICT 的能力和潜力。微观经济学理论与其他理论研究相结合是一个很好的选择，如与企业资源观的结合。

3.3.2　互补理论

米贝格龙和罗伯茨（Milgrom & Roberts，1990）提出了信息技术互补机制的假说，认为企业信息化直接和间接作用的结合就是企业信息化的基本机制，信息技术、互补性组织变革与人力资本之间构成一个互补系统，综合作用于企业绩效，见图 3 - 2。

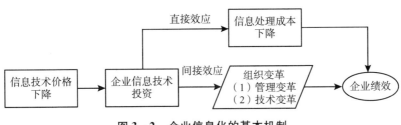

图 3 - 2　企业信息化的基本机制

按照互补性理论，利用 ICT 所引起的企业绩效的提高与企业互补资源直接相关。即，如果 ICT 与适当的组织资源及能力一起使用收益会更大。这进一步解释了这样一个现象：具有同样 ICT 资本的企业，绩效却存在差异。因此，如果企业想提高生产率和最大限度利用 ICT，应该关注这些互补性元素。从互补性视角，IT 收益可以通过它和其他互补性资源的共同使用来解释。

国外许多学者基于互补机制进行了实证研究。佛兰卡兰奇等（Francalanci & Galal，1998）考察的组织因素（员工组成）对企业绩效的影响，发现伴随着员工组成的变化，生产率也在显著变化，IT 的协同变化和特殊组织补充能够逐渐增加企业绩效。戴瓦拉吉和科利（Devaraj & Kohli，2003）考察 IT 投资与业务流程重组以及它们之间结合与企业绩效的关系，分析结果表明 IT，尤其是决策支持系统和 IT 劳动力对医院绩效有积极的影响，另外证据还表明 IT 投资和业务流程重组结合时，对企业绩效有积极重要的贡献，这些结果为明确组织补充因素对企业绩效影响提供了证据。布林约尔松、希特和杨（Brynjolfsson，Hitt & Yang，1998）通过对美国 1000 多家企业 1987～1994 年数据的回归分析，实证研究了信息技术、组织特征（员工培训、决策结构、工作设计等）与企业绩效之间的互补关系，发现 IT 资本与组织特征互补水平高的企业有更高的市场价值。另外，布莱克和兰什（Black & Lynch，2001）发现企业内部不同的组织行为之间存在互补性，布雷斯纳汉、布林约尔松和希特（Bresnahan，Brynjolfsson & Hitt，2002），以及格拉和顾（Gera & Gu，2004）发现企业的信息化资本、伴随性组织创新、伴随性技术创新和人力资本存在互补关系。李（Lee，2001）认为如果所有的互补因素都处于不利的条件，IT 投资不会对利润产生积极影响。瓦尔加斯等（Vargasa et al.，2003）发现 IT 和互补的人力资源以及管理因素的结合，确实与那些最终取得竞争成功的公司有联系，认为信息技术必须和管理、经济、人力资源等因素相结合，才能实现战略优势。这些结果为明确组织补充因素对业务价值的影响提供了证据。

国内基于互补机制研究较少。一些学者发现互补理论强调组织行为、人类资源和信息技术的互补作用，因此，基于互补理论从组织行为和人力资源与信息技术相结合的作用进行了研究。例如，汪淼军等（2006）基于互补理论对浙江企业进行实证调查，调查结果显示在信息化初级阶段刚性的组织行为与企业信息化互补，信息化第二阶段主要和企业集权、一体化等刚性组织行为互补，在第三阶段企业信息化资本主要和组织分权等柔性组织行为互补。又如，李治堂（2009）以互补性理论为基础，用上市公司的财务数据实证检验了信息技术资本、人力资本以及二者交互性对企业绩效的影响。研究结果显示信息技术资本和人力资本的交互效应不明显，没有企业收益率产生显著的积极影响；信息技术投资对主营收入和净利润有积极的影响，对净资产收益率和资产收益率影响不显著；人力资本对净资产收益率有积极的影响，对资产收益率影响不显著。认为信息技术投资并不能自动带来企业绩效的提高，信息技术投资价值的实现需要企业进行大量的互补性投资，其中人力资本投资是一种最重要的互补性投资。

国外进行信息化对绩效影响研究已经有 20 多年，而中国信息化相关研究处于初中级阶段，国内学者主要是借鉴国外研究内容和方法，再结合国内国情进行研究。

国内对组织补充因素研究的范围和深度与国外存在很大差异。国外的研究涉及技术性劳动力需求，员工技能水平、培训和教育、员工组成，员工参与、全面质量管理、业务流程重组，人力资源等组织行为，国内这方面的实证研究很少。

而且，国外与国内研究结论有时不一致，国内外信息化所处阶段不同或许是其中的一个原因。

2016 年 5 月 15 日，国家信息中心发布《全球信息社会发展报告 2016》，报告测评了全球及五大洲 126 个国家的信息社会发展水平。2016 年全球信息社会指数为 0.5601，仍处于信息社会准备阶段的转型期。其中 53 个国家信息社会指数在 0.6 以上，已经迈入了信息社会；17 个国家信息社会指数超过 0.8，进入信息社会中级阶段；60 个国家信息社会指数在 0.3 到 0.6 之间，正在从工业社会向信息社会加速转型，有 13 个国家信息社会指数低于 0.3，仍处于信息社会发展的起步期。2016 年中国信息社会指数为 0.4523，在全球排名第 84 位，仍属于中下游水平。未来中国要加快中国信息化发展的进程，努力缩小与发达国家和地区之间的数字鸿沟，进一步提升中国在全球范围内的竞争能力。当前中国正在进行经济发展方式转型，而信息化是支撑这一转型的关键力量。信息技术已经逐渐成为构建企业核心竞争力的关键。

国内学者可以借鉴国外已有的研究成果和方法，结合国内信息化情况进行研究。

3.3.3 基于资源的观点

（1）概念及界定

基于资源的观点（Resource Based View，RBV）来源于战略管理领域。1959 年潘罗斯（Penrose）出版了著名的著作《公司成长理论》，认为企业是一个生产性资源的集合体，企业的资源和能力是构成企业经济效益的稳固基础，并就资源、竞争定位和经济租金之间的关系进行了讨论。

1984 年沃纳菲尔德（Wernerfelt）在潘罗斯（Penrose）的研究基础上，提出了基于资源的观点的术语，认为企业是一个资源集合体，每种资源都有多种不同的用途，同时根据研究目的需要，将资源分为有形资源、无形资源和知识资源。基于资源的观点将竞争优势与资源特征联系起来，认为企业内部的组织能力、资源和知识的积累是解释企业获得超额收益、保持竞争优势的关键。基于资源的观点认为企业在"独特的"资源基础上进行竞争，这些资源是有价值、稀有、难以模仿的，且不能被其他资源所替代（Barney，1991）。基于资源的观点强调组织在控制实施战略所需资源的程度上存在差异（资源异质性），且这些差异是相对稳定的（资源稳定性）。组织资源异质性和不流动性是形成企业间不同竞争优势的原因，而这主要依靠组织的协调管理机制。

这些观点奠定了 RBV 的基本框架。并由此将资源观分化出两个流派，资源学派和能力学派。此后，能力学派发展迅速，先后提出了核心能力（Prahalad & Hamel，1993）和动态能力（Teece，1997）等学说。

资源学派和能力学派对于能力与资源的界定不同：一类认为企业的资源包括企业能力；另一类则将资源与能力明显区分开来。普拉哈拉德等（Prahalad et al.，1993）认为协调与有机结合的学识是主要资源，能力与知识似乎没有太大区别，都被视为一般资源。巴尼（Barney，1991）认为资源包含能力，即能力也是一种资源。在他们看来，任何企业特征均可被视为企业资源。资源可以包括有形的，例如厂房和设备，也可以包括无形的，如客牌的认同等。而也有研究人员则将资源和能力区别开来，认为资源是对生产过程的投入，而能力是一组资源执行某种任务或活动的能力，并将资源分为有形资源、无形资源和基于人力的资源；认为资源是一系列由企业拥有或控制的要素，而能力指企业安排和使用资源并取得一定结果的能力。

尽管两个学派观点不同，但来源于共同的理论基础——都属于企业资源理论的范畴，都假设企业是异质的资源和能力的集合体，都着重研究企业内部资源、能力和知识对企业竞争优势的影响，从企业内部和内在发展出发来分析企业和市场。因此，人们更多地将资源的观点和能力的观点视为广泛意义上资源观的组成部分，倾向定义广泛的资源，包括资产、知识、能力和组织过程。

（2）基于资源的观点的信息化影响研究

信息技术的广泛应用使现代企业受到了巨大冲击，企业需要利用信息技术来增强自身的能力，因此信息技术也成为企业不可或缺的资源。

基于资源的观点运用于 IT 研究领域始于 20 世纪 90 年代中叶，它对于分析 IT 与企业绩效与竞争力之间的关系提供了一个稳健的研究框架。

RBV 基于资源的观点作为一个研究框架吸引了越来越多的学者的注意，也引发了研究绩效的学者们的极大兴趣。基于资源的观点视企业特殊资源是企业绩效的基础，认为企业资源异质性是形成企业间绩效差异的原因。

一些研究者采用基于资源的观点分析 IT 对企业价值的贡献。玛哒等（Mata et al.，1995）基于 RBV 指出建立持续竞争优势的五种 IS 驱动力：客户的转换成本、资本通道、专有技术、IT 技术技能和管理技能。罗斯等（Ross et al.，1996）通过对执行 IT 的前 50 家公司进行调查，认为信息系统可分为三种信息技术资源——技术资源、人力资源以及关系资源，这些资源与信息技术流程一起为企业价值做出贡献，这三种信息技术资源是：技术资源、可识别的人力资源以及关系资源。巴拉德瓦杰（Bharadwaj，2000）

从 RBV 出发将 IT 能力划分为 IT 基础设施、IT 无形资产和 IT 人力
资源（包括 IT 管理技能、技术技能），并对多家企业进行了实证
分析，得出具有较高 IT 能力的企业也相应地具有高于同类企业的
绩效表现的结论。韦德和霍兰德（Wade & Hulland, 2004）确立了
三类资源：第一类，由外向内资源（outside-in resources）——响应
市场需求和机遇的企业内部能力（例如，IS 基础设施、IS 技能、IS
开发、成本控制）；第二类，由内向外资源（inside-out re-
sources）——侧重于预测市场需求、创建持久的客户关系、了解竞
争对手方面的企业外部能力（例如，市场应答和外部关系管理）；
第三类，跨越资源（spanning resources）——涉及内部和外部分
析，用于集成企业内部、外部能力（例如，管理 IS – 商务合作、
IS 管理与规划）。查特菲尔德和安德森（Chatfield & Anderson,
1997）在研究组织间系统所带来的业务流程变化对一个日本航空
公司竞争地位影响的案例研究中，提出航空公司内部资源（物理
资本）和它的人员资源（人力资本），是提高务增长和竞争力的资
本资源。梅尔维尔和克雷默（Melvilli & Kraemer, 2004）结合巴尼
（Barney）的分类将企业资源分为物理资本、人力资本和组织资本
资源，认为前两个是 IT 资源的组成部分，第三个是组织补充资源
的组成部分，并建立了一个综合的 IT 商业价值模型，得出 IT 是有
价值的结论，而且 IT 价值的广度和深度取决于内部和外部因素，包括
企业的补充资源、交易伙伴和竞争环境。蒂斯等（Teece et al., 1997）
强调了补充资源的重要性，资产的组合能增加价值，特别是当创新不
能被保护时，在划分利润和控制补充资源方面起到了决定因素的作用。
还有其他一些学者以 RBV 为分析框架展开相关的理论和实证研究（如
Feeny & Willcocks, 1998；Tippins & Sohi, 2003）。

　　基于资源的观点强调以企业资源的异质性和不流动性产生持久

竞争优势，强调信息技术使用时注重企业有形资源和无形资源有效结合。基于资源的观点肯定了无形资源的重要性，但国内实证研究相对较少。今后的一个研究方向是注重信息技术与有形、无形资源的互补作用，尤其是无形资源。

3.4 信息化影响评估方法

按评价方法所涉及的学科领域，可以把目前常用的评价方法分为多指标综合评价法、经济模型法和数学评测法及组合模型方法。总体来说以下一些角度的评估方法。

（1）专家评价法

专家评价法是以某领域专家的主观判断为基础的一类评价方法，主要包括评分法、类比法和相关系数法等具体方法。专家评价法具有操作简单、直观性强的特点，可以用于定性或定量经济效益指标的评价，一般采用多位专家评价等措施来克服主观性强及准确度不高的缺点。

（2）基于财务的评价方法

基于财务的评价方法将信息化建设看作是一种典型的资金投资。主要考察净现值（Net – Present – Value，NPV）、投资报酬率（Return on Investment，ROI）、内部收益率（Internal Rate of Return，IRR）、总体拥有成本（Total Cost of Ownership，TCO）等指标。

用财务方法虽然简单易用，但仅用财务指标来评价企业信息化绩效未能考虑信息化的隐性收益以及对企业竞争优势的影响。因此仅用财务指标很难综合、全面反映企业信息化给企业带来的收益。于是又在此基础上发展出新的评估方法。

（3）经济学角度的评价方法

经济学角度的评价方法不仅考虑信息化建设的财务收益，也考虑信息化给企业带来的业务价值，如业务流程的优化或企业竞争力的提高等，弥补了财务方法的不足。经济学角度的评价方法改善了单纯使用财务指标的局限，利用成熟的经济学理论、经济模型评价信息化绩效，加深了人们对信息化的认识和理解。

尤其，经济模型评价法是一类定量的评价方法，具有客观性强、实用程度高的特点，适合于直接经济效益的评价，主要有经济附加值法（Economic Added Value，EAV）、总体经济影响法（Total Economic Impact，TEI）等。但总体上，这类评价方法主要包括生产函数法、指标公式法和费用/效益分析法等，还是基于投入—产出关系，更适合于项目决策时的评估。

（4）数学角度的评价法

数学角度的评价法包括数理统计法、模糊评价法和运筹学方法。主要采用数学中的数据包络分析（Data Envelopment Analysis，DEA）、层次分析（Artificial Neural Network，AHP）、模糊评判、神经网络方法（ANN）、多元统计分析中的因子分析、相关分析、回归分析、方差分析和聚类分析等等有效的工具和方法进行评测。这些方法具有完备的理论基础，适合于对多因素的变化进行定量动态分析和评论，尤其是对那些含不确定性的、模糊因素的评价能够获得较好的评价结果。

（5）综合评估方法

综合评价方法主要是从企业全局的角度来衡量企业信息化的总体和综合效益，避免了传统的财务角度的评价的以偏概全的做法，全面地评价企业信息化的绩效。主要有企业关键业绩指标、平衡计分卡法（Balanced Score Card，BSC）。

从文献回顾看，企业层信息化影响研究通常采用的方法有生产函数法、DEA、平衡计分法、统计分析等：①生产函数法（增长核算法）以产量为因变量，以资本、劳动力投入为自变量建立模型，参数较少，对输入数据要求很高，有一定局限性和片面性，一些参数也不好确定；但此方法有严格的理论基础，结果也有经济解释，故使用时可考虑其他一些因素的互补作用，如信息化管理水平、政策环境等；②DEA方法专门用于绩效评估，但无法分离随机因素和测量误差的影响，同时该方法的效率评估容易受到极值的影响，而且决策单元的效率得分对投入变量和产出变量的选择比较敏感；③平衡计分法需要与定量方法结合，如财务核算的方法、AHP方法等；④统计分析是利用微观数据研究的最常用的方法，具有方法简单、工作量小的优点，同时对数据样本的完整性和准确性有较高要求，从实际应用的角度，越简单的方法越容易使用和进行结果比较。

3.5　本　章　小　结

本章重点对信息化影响评估的研究视角、信息技术采用与扩散理论、信息化绩效评估理论、信息化影响评估方法进行了论述，分析了各类理论与方法的适应性和特点。对已有研究理论与方法的分析与掌握，为信息化及其影响评估方法研究工作的开展提供重要的理论和方法支持，为后续研究内容——信息化评估指标体系的建立、信息化行为影响的实证研究奠定了理论基础。

第4章 信息化统计调查与指标体系

本章将在前面文献研究和理论方法研究的基础上，分析比较国内外典型的信息化统计调查研究现状及其指标体系情况；结合中国企业信息化发展实际情况，为提出一个适合中国国情、与国际接轨的企业信息化测评指标体系奠定基础。本章的研究思路为：（1）对国内外典型信息化统计调查研究进行评述；（2）对国内外典型信息化统计调查研究的指标体系情况进行分析比较。本章的内容可作为后续企业信息化影响测度模型设计的参考依据。

4.1 概　　述

信息化统计和测度研究一直受到世界各国政府、国际组织和企业界的重视。在微观层面测度企业信息化的发展和促进企业绩效提高方面，OECD、欧盟等国际组织以及美、英等发达国家已经开展了比较深入的研究。

中国社会科学院、国家统计局、国家信息中心、国务院发展研究中心、中国互联网络信息中心等也曾对中国信息化指标进行过研究和测算，取得了一些研究成果。但是，这些研究成果与信息化快速发展而产生的政府对信息化评价与测算研究的需求之间尚有较大差距，特别是针对企业信息化绩效影响评估的研究，由于统计基础数据较差等原因，尚显得薄弱。

目前，在开展企业信息化统计和测评过程中，如何评估信息化对企业绩效的影响一直是一个较难的问题，用什么样的指标体系才能科学合理地衡量信息化对企业绩效的影响，以及进行相应的国际比较等问题尚处在探索和研究阶段。

为了跟上世界经济发展的步伐、适应全球信息化发展的趋势，在中国亟须建立系统、完整、科学的定性与定量相结合的企业信息化绩效影响测度与评价体系。

本章试图基于信息化影响评估理论与方法，以及对文献中信息化主要影响因素的综合分析，结合中国企业信息化发展实际情况，为提出一套适合中国国情，并与国际接轨的企业信息化测评指标体系奠定基础。

4.2　国外典型信息化统计调查研究现状及其指标体系情况

4.2.1　OECD

4.2.1.1　OECD在信息化统计方面的工作

OECD关于信息化的统计可以追溯到十年前。1997年OECD成立ICCP（Committee for Information，Computer and Communications Policy，信息、计算机和通信政策委员会），举办第一次会议（OECD，1998），旨在"建立一套定义和方法，以推动信息社会、信息经济和电子商务的国际可比数据的编制工作"。

1998年ICCP举办第二次会议（OECD，1999），成立了工作小组WPIIS（Working Party on Indicators for the Information Society，信息社会指标体系工作小组），其主要工作是确定国际可比的指标来测度ICT基础设施、相关服务内容和应用系统。

1999年WPIIS举办第三次会议，除了40多个国家的政府和企业参加外，还有若干国际组织和非政府组织参加，会议内容主要是：有关电子商务定义和测度研究，以及 ICT 经济和社会影响分析等。

此后 WPIIS 每年召开一次会议。WPIIS 为 OECD 各成员国从事信息化统计和测度的专家交流经验及进展提供了一个有益的平台。

从 1997 年起至今，OECD 做了四件具有重大意义的事情：

①1999 年 WPIIS 提交的报告（OECD，1999），提出了 ICT 应用及电子商务的定义、分类、指标模块，推动了成员国有关信息化统计实践的开展；

②2002 年提交的报告（OECD 2001 和 2002），对于推动信息化统计的标准化起了重要作用；

③2006 年提交的报告（OECD 2005a，2005b），对 2002 年提交报告中的模型问卷做了第一次修订；

④2015 年发布的 2013 年底提交的报告（OECD 2013），对 2005 年的模型问卷进行了第二次修订，OECD 的模型问卷为各国电子商务统计调查提供指导。OECD 在 ICT 应用的定义、模型问卷和统计标准制定等方面做出了巨大贡献。

4.2.1.2　OECD 的 ICT 应用模板问卷

WPIIS 提出了核心指标的建议，包括使用"准备"和"使用强度"两方面。前者涉及基础设施状况、ICT 产品进出口情况和人民的教育程度，说明是否有具备使用新技术的基础和能力；后者涉及企业、家庭（个人）的 ICT 使用，评估 ICT 生产部门对经济的贡献。

（1）企业模板问卷

1999 年，WPIIS 与沃尔堡（Voorburg）（United Nations City Group on Service Statistics）集团、欧共体统计署（Eurostat）一起，研制了关于企业 ICT 产品与服务使用方面的模板问卷，测度 ICT 应

用和电子商务的"准备"和"使用强度"相关的指标，试用两年后，2001 年 OECD 通过了模板问卷，2005 年进行了第一次修订，2013 年进行了第二次修订（2015 年发布），见表 4-1。

表 4-1   OECD 的企业 ICT 应用模板问卷

模板问卷（2001）	第一次修订的模板问卷（2005）	第二次修订的模板问卷（2013）
模块 A：ICT 系统的一般信息。与企业使用的计算机设备、应用和网络有关，还测量每雇员每天工作中使用 PC 和 Internet 的程度。此模块问题包含在新的模块 A 中。	模块 A：企业 ICT 使用一般信息。包括：计算机、Internet、局域网（LAN）、广域网（WAN）、内部网（Intranets）和外部网（Extranets）的使用情况、接入 Internet 的方式、IT 安全测度，以及病毒、恶意程序等的攻击。	核心模块 A. 连通性：计算机、Internet、宽带的使用，与企业结构相关的定性问题，补充指标强调远程连接的新问题和最优连接的障碍。 B. 网站：企业 Internet 网站，网站如何与业务职能集成，网站电子商务能力是核心，也检测网站管理的其他特征。 C. 信息管理（及共享）工具：企业内部网（Intranet）和外部网（Extranet），EDI、ERP、CRM、电子发票（E-invoicing）的使用，这些工具如何与不同业务职能集成。 D. 电子商务：网上买卖，通过交易渠道、客户类型及地理位置，电子商务在业务中的相关性。 E. 安全与隐私（政策与事件）：观测风险防范具体政策的实施、事件的发生及相关性、事件响应策略。
模块 B：Internet 的使用。集中在连接类型和速度，以及在 Internet 上的经营过程。指标主要与信息和通信活动以及在 Internet 上交易的经营过程相关，要区别与商品和服务相关的过程。就销售相关的活动而言，应设计网址功能指标。此模块问题被分在新的模块 A 和模块 B 中。	模块 B：企业如何在业务活动中使用 ICT。包括：企业是否有一个网站；网站上可用的功能（包括客户关系功能，隐私与安全特征，在线购买与支付设施）；Internet 电子商务与非 Internet 电子商务（买与卖）的发生率和/或交易额；通过 Internet 和其他技术销售的产品的性质；与 Internet 销售相关的利益与障碍；使用 Internet 与政府机构的交易；Internet 在其他商业领域的使用，如会计、人力资源和信息共享；电子商务与后端系统、客户和供应商系统的连接。	补充模块 F. 电子政务：使用 ICT 工具与政府机构的交互，交互方式与感受的限制。 G. 其他 ICTs 使用：企业间 RFID（Radio Frequency ldentification Devices，无线射频识别）、云计算、数据分析、ICT 储蓄策略，感受的收益和障碍。 H. ICT 技能：ICT 技术工人的需求与就业，包括未满足的需求和雇用 ICT 专业人员的动机。 I. ICT 支出与获取：依据工具类型（如软件与硬件）的 ICT 专用资源，这些资产是如何获取的。 J. 开源软件：免费的与专用的软件方案的使用情况，前者的特征。
模块 C：通过 Internet 的电子商务（询问具有 Internet 接入的企业）；涉及通过 Internet 的购买和销售的指标，与交易额相关。此模块问题包含在新的模块 B 中。		

续表

模板问卷 (2001)	第一次修订的模板问卷 (2005)	第二次修订的模板问卷 (2013)
模块 D：根据 EDI 和其他计算机网络（除 Internet 之外）的交易。区分 Internet 与其他类型计算机网络的销售额，以便更好监测新的销售形式的发展。此模块问题包含在新模块 B 中。		K. 社会媒体的使用：企业社会媒体的使用、目标和战略部署。 L. ICT 采用效果：宽带、电子商务、ERP/CRM 的收益与影响，采用的障碍。
模块 E：一般关于 Internet 和 ICT 的使用障碍。使用 Internet 销售产品与服务的障碍，以及使用 ICT 和 Internet 的障碍。此模块问题包含在新模块 B 中。	模块 C：企业其他信息：主要经济活动与雇员数量，每年营业额。此信息用于对产量进行分类（按行业和规模），为按比例计算电子商务交易额提供数据。	
模块 X：背景信息。此模块问题包含在新的模块 C 中。		背景信息 辅助变量——企业特征（行业、营业额、就业情况等），如果在别处收集不到或必须对现有数据源进行核实。

模板问卷是由独立的、自成体系的模块组成，当技术和政策侧重点变化时，可以添加模块或在已有模块添加新指标。模块可以一起使用，也可以作为某项调查中的单独模块，这样既有国家信息的价值，又有国际比较的可能性。

（2）家庭（个人）模板问卷

OECD 的家庭（个人）模板问卷由澳大利亚完成。澳大利亚于 2000 年会议上提交了模板问卷，2002 年 OECD 通过，2005 年进行了第一次修订，2013 年进行了第二次修订（2015 年发布），见表 4 - 2。

表 4-2　　　OECD 的家庭（个人）ICTs 应用模板问卷

模板问卷（2002）	第一次修订的模板问卷（2005）	第二次修订的模板问卷（2013）
模块 A：家庭接入计算机和 Internet。此模块关注接入 Internet 设备的类型，连接速度（区别高速与低速 Internet 服务）。	模块 A：家庭 ICTs 使用由家庭使用 ICTs 的问题组成，家庭如何接入 Internet（接入设备与使用的 Internet 接入服务），和接入 Internet 的障碍。	核心模块： Section Ⅰ. 家庭 ICTs 的使用 A. 使用计算机：补充与计算机种类相关问题。 B. 接入 Internet：补充与分布式信号和不接入原因相关问题。 Section Ⅱ. 个人 ICTs 的使用。 C. ICTs 和 Internet 的使用：不同类型 ICTs 设备的使用、使用频率与地方，补充与使用强度（时间）、连接类型、移动连接障碍相关问题。 D. 个人 Internet 活动：补充问题涉及通过移动连接的活动，主要活动类型与使用强度。 E. 企业 Internet 活动：工作中 Internet 使用强度，远程工作与工作活动相关的远程连接。 F. 电子政务：使用 ICT 与政府机构的交互，交互方式与种类，补充满意度与感受障碍相关问题。 G. 电子商务：网上购买产品与服务的种类、频率，补充问题涉及购买强度与金额、支付方式、卖家地理位置、感受障碍。 H. ICT 技能：计算机与 Internet 技能水平，补充 ICT 技能获取渠道。 I. 安全与隐私：ICT 防护工具和遇到的安全事故，补充 ICT 防护工具升级频率和不使用这些工具的原因。
模块 B：家庭使用 Internet 的障碍。指标可助于监控"数字鸿沟（digital divide）"问题，和与安全与成本问题相关 IT 的潜在"瓶颈"。 模块 C：个人使用 Internet 的地点和频率（家、工作场所、其他地点）。 模块 D：个人从事 Internet 活动的类型和目的。 模块 E：Internet 商务的详情，Internet 购物的障碍。问题与个人购物的地点与频率、产品种类与价格，以及是否在线支付相关。此模块还强调个人 Internet 购物的障碍因素。	模块 B：个人 ICTs 使用此模块包括了模板问卷（2002）中许多计算机和 Internet 使用的基本问题，而且还包括新问题： ●是否移动接入服务被用于 Internet 接入； ●经历过的 IT 安全问题； ●是否家庭 Internet 接入设备受到防病毒和防间谍（spyware）软件或防火墙的保护； ●是否个人将文件备份存在计算机上； ●移动电话的个人使用。此外，Internet 活动和 Internet 购物扩展到更多关注新的领域，如新型产品的购买和使用（如以数字形式交付的音乐和电影），以及与政府的交易。	补充模块： J. 儿童网上保护：与儿童在家访问 Internet 相关的受害形式和防护措施。 K. 学校 Internet 保护：ICTs 的使用、Internet 使用强度、使用计算机/Internet 活动的频率。 背景信息： 辅助变量——家庭/个人特征（年龄、性别、教育程度、就业情况）

（3）OECD 关于 ICT 测量的优先性及指标

2000 年 OECD 提出了包括 ICT 发展的准备、使用强度和影响三个阶段的生命周期模型，见图 4 - 1。

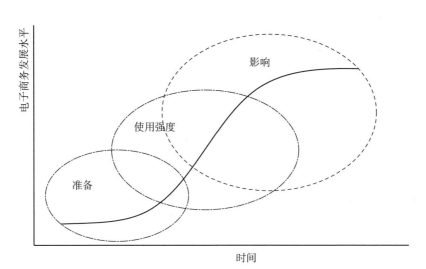

图 4 - 1　ICT 发展模型：S - 曲线

据此，信息化统计指标涉及三个维度：准备、使用强度和影响，对企业、政府和家庭都适用。2000 年 WPIIS 会议肯定了此测度模型，并试图定义每个维度的一系列核心指标，由于测度困难，建议先将指标限制在前两个维度。OECD 对 ICT 应用测度优先度的建议，见表 4 - 3 ~ 表 4 - 6。

2003 年 OECD 发布基于官方统计的指标（OECD 2003），没有包括"影响"（ICT 使用对企业组织、生产过程和技能的影响）和定量指标（如 ICT 产品与服务方面的投资）。OECD 表示随着 ICT 不断扩散和对经济影响的增强，模型会不断得以修订。

表 4 – 3   OECD 测度的优先性

内容	优先衡量的方面	次优先衡量的方面
维度	"准备"与"强度"	对社会经济的"影响"
部门	企业部门，家庭（个人）	政府
定性或定量	主要是定性	许多定量指标
交易或过程	电子商务交易	电子商务的商务过程

表 4 – 4   "准备"与"强度"的优先指标

"准备"指标	"强度"指标
计算机的可获性	计算机使用的程度
接入 WWW	网站的使用
接入 Internet	Internet 使用的程度
ICT 技术	使用 Internet 进行销售和购买的金额
ICT 技术应用的障碍	使用 Internet 进行销售和购买；使用这些网络支付的金额
认为 ICT 技术应用的益处	在 Internet 上购买/销售的产品类型；在 Internet 上购买产品的特点

表 4 – 5   "准备"指标的优先度排序

指标类型	具体指标	理由和排序
计算机的可获得性	（1）拥有计算机单位的数量和比例 （2）拥有计算机单位中雇员的数量和比例	指标简单，容易收集和编制。企业——高；家庭——高（仅指（1））；政府——低
接入 Internet	（1）接入 Internet 单位的数量和比例 （2）接入 Internet 单位中雇员的比例	指标简单，容易收集和编制。企业——高；家庭——高（仅指（1））；政府——高
ICT 技术	（1）具有相关技术人员的比例 （2）缺乏 ICT 技术单位的比例	技术的测量比较困难。技术缺乏可以通过态度调查来测量。企业——中；家庭——低；政府——低

指标类型	具体指标	理由和排序
ICT 技术应用障碍	（1）具有应用障碍单位的数量和比例 （2）具有应用障碍单位的雇员数量和比例	新技术应用的障碍是政府非常关心的问题。但通过态度调查来测量，可信程度低。 企业——中；家庭——中；政府——低
ICT 技术应用益处	（1）具有应用益处单位的数量和比例 （2）具有应用益处单位的雇员数量和比例	同上。 企业——中；家庭——中；政府——低

表 4 - 6　　　　　　　　"强度"指标优先度排序

指标类型	具体指标	理由和排序
计算机的实际使用和计划使用	（1）每人每周的使用小时数 （2）每人每周的使用频率 （3）计划购买计算机单位的数量和比例 （4）从事某些商务过程/活动的单位的数量和比例	（1）和（2）是 Internet 使用的重要指标，但不是特别针对电子商务。（3）也类似，但主要针对家庭及其使用。 企业——高（仅指（4））；其他——低 家庭——高（仅指（4））；其他——低 政府——高（仅指（4））；其他——低
网站的使用	（1）拥有网站的单位数量和比例 （2）在网站上从事某些商务过程/活动的单位的数量和比例	使用网站进行电子商务活动是重要指标。 企业——高；家庭——低；政府——高
基于 Internet 协议（IP）网络的实际使用和计划使用	（1）每人每周的使用小时数 （2）每人每周的使用频率 （3）计划使用基于（IP）网络的单位的数量和比例 （4）从事某些商务过程/活动的单位的数量和比例	（1）和（2）主要与个人有关，因此收集困难，较少作为企业和政府电子商务指标使用。 企业——（1）和（2）低；（3）和（4）高 家庭——（1）和（2）高；（3）和（4）低 政府——（1）和（2）低；（3）和（4）高

续表

指标类型	具体指标	理由和排序
进行的销售/购买	（1）通过基于（IP）网络进行销售/购买订单的单位的数量和比例 （2）通过其他计算机网络进行销售/购买的单位的数量和比例 （3）使用基于（IP）网络的销售/购买金额 （4）使用其他计算机网络进行销售/购买的金额 （5）使用基于（IP）网络进行销售/购买的比例 （6）使用其他计算机网络进行销售/购买的比例	销售和购买金额是政府十分关注的问题。但许多国家难以收集，因为很多单位都没有进行这类交易。 企业——高； 家庭——高； 政府——高
销售/购买的产品和服务类型	（1）进行某些类别产品和服务销售/购买的单位的数量和比例 （2）某些类别产品和服务销售/购买的金额	家庭调查成功地编制了这类指标，但对于政策目标，优先度要低得多。 企业——低；家庭——中；政府——低
销售/购买产品和服务的地点（来源地或目的地）	（1）从海外进行销售/购买的单位的数量和比例 （2）从海外进行销售/购买的金额	这类指标对政策制定者有意义，但在许多场合调查对象不知道来源地和目的地。 企业——低；家庭——低；政府——低

　　2009 年 WPIIS 通过了测度信息社会的一些标准，包括：生产 ICT 产品与服务的行业（ICT 行业）定义；ICT 产品（商品与服务）分类；"内容与媒体"行业定义；电子商务与互联网商务交易的定义；测度企业、家庭和个人 ICT 使用和电子商务的模型问卷和方法。

　　这些统计标准和测度信息社会的其他资料被一起收入到《信息社会测度指南 2011》（OECD Guide to Measuring the Information Society 2011），在该指南中，OECD 提出了一个更综合的关于信息社会统计的概念模型，见图 4 - 2。该指南于 2005 年首次发布，至今做过大量修订。

2004 年底 OECD 提出 ICT 核心指标,经过多年的修订,于 2015 年发布最新修订后的 ICT 核心指标,具体见图 4 - 2。

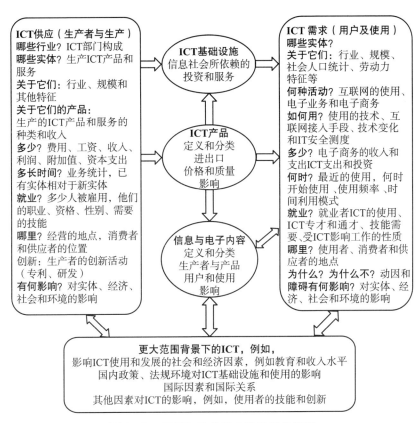

ICT供应（生产者与生产）
哪些行业? ICT部门构成
哪些实体? 生产ICT产品和服务
关于它们: 行业、规模和其他特征
关于它们的产品:
生产的ICT产品和服务的种类和收入
多少? 费用、工资、收入、利润、附加值、资本支出
多长时间? 业务统计,已有实体相对于新实体
就业? 多少人被雇用,他们的职业、资格、性别、需要的技能
哪里? 经营的地点,消费者和供应者的位置
创新: 生产者的创新活动(专利、研发)
有何影响? 对实体、经济、社会和环境的影响

ICT基础设施
信息社会所依赖的投资和服务

ICT产品
定义和分类
进出口
价格和质量
影响

信息与电子内容
定义和分类
生产者与产品
用户和使用
影响

ICT需求（用户及使用）
哪些实体?
关于它们: 行业、规模、社会人口统计、劳动力特征等
何种活动? 互联网的使用、电子业务和电子商务
如何用? 使用的技术、互联网接入手段、技术变化和IT安全测度
多少? 电子商务的收入和支出ICT支出和投资
何时? 最近的使用,何时开始使用、使用频率、时间利用模式
就业? 就业者ICT的使用、ICT专才和通才、技能需要、受ICT影响工作的性质
哪里? 使用者、消费者和供应者的地点
为什么? 为什么不? 动因和障碍有何影响? 对实体、经济、社会和环境的影响

更大范围背景下的ICT,例如,
影响ICT使用和发展的社会和经济因素,例如教育和收入水平
国内政策、法规环境对ICT基础设施和使用的影响
国际因素和国际关系
其他因素对ICT的影响,例如,使用者的技能和创新

图 4 - 2 OECD 信息社会统计概念模型

4.2.2 欧盟

4.2.2.1 电子欧洲（eEurope）行动计划

欧盟统计局（Eurostat）从 2000 年开始监测 ICT 及电子商务,组织欧盟成员国共同研制了 23 个指标系列（Commission of the European Communities 2000），形成正式文件，于 2000 年 11 月欧洲理事会通过。欧洲委员会基于这 23 个指标对 15 个成员国以及冰岛、挪威和瑞士共 18 个国家进行了数据收集，并分析数据评估计划执行情况。2002 年的报告第一次对指标制定的成果进行全面概括，根据市场发展情况对政策进展进行比较。欧盟统计局（Eurostat）研制模型问卷，对每年的调查提出数据需求，以指导其成员国进行电子商务调查，近年来的调查内容包括企业、家庭和个人电子商务和 ICT 使用情况（Eurostat，2016）。

此外，欧盟曾开展了一项基于 Web 的电子公共服务的调查（Web Based Survey on Electronic Public Services），主要针对 20 种基本公共服务进行调查，其中 12 种针对居民，8 种针对企业。调查目的是使参与国能够分析在线公共服务的进展，并进行国家之间的比较。欧盟曾经进行过多次测量，发布了多次相关测评报告，并进行了完整的总结。

4.2.2.2　i2010

2005 年欧洲委员会为了推进数字经济的发展，发起 2006 ~ 2010 年五年战略 i2010，"i2010 测度基准框架（Benchmarking Framework）"的主要内容见表 4 - 7。

表 4 - 7　　　　　　　　i2010 测度基准框架的主题及内容

优先政策	主题	内容
1. 监测欧洲信息空间（European Information Space）	宽带的发展	宽带覆盖率；宽带订购；速度与价格；接入 Internet 的多种平台
	先进的服务	先进在线服务的可用性；先进在线服务的使用
	安全	ICT 使用中的安全问题
	影响	ICT 部门的发展

续表

优先政策	主题	内容
2. 监测研究和商务创新	ICT 研究的投资	ICT 研究经费所占比例
	商务采纳 ICT	连通性和 ICT 采纳情况；电子商务（e-commerce）；电子业务（e-business）；一个电子准备度（e-readiness）/电子业务（e-business）合成指标（指数）；减少的指标；企业特殊调查模块时间表
	商务采纳 ICT 的影响	企业、家庭、政府在 ICT 上的投资和消费；对生产力的影响；职业与技能
3. 监测信息社会内涵、公共服务、生命素质	信息社会内涵	计算家庭连通性和使用两个不同指数；电子可访问性（e-accessibility）；测度数字文化
	公共服务	电子政务（e-government）

i2010 更多聚集在影响方面：

● 欧盟信息空间：宽带可用性、占用、速度和定价的发展，企业多平台访问；

● 先进的服务：侧重于家庭/个人使用 Internet 服务方面；

● 安全：问题发生率和解决办法，对风险/信任的态度信心；

● 影响：ICT 投资、使用和对经济增长和生产率的影响；

● ICT 创新：ICT 研发和对业务转型的影响。

4.2.2.3　ICT 影响评估

2006 年欧盟统计局立项确立了一个研究项目"通过连接不同来源的数据评价 ICT 的影响"。项目由英国牵头，参与国有 13 个：英国、荷兰、法国、瑞典、芬兰、挪威、意大利、澳大利亚、德国、爱尔兰、捷克、塞尔维亚和丹麦。项目主要目的是通过连接不同来源企业层面的微观数据来评估和分析 ICT 的影响，特别是 ICT 应用如何影响企业行为和绩效。并希望通过项目的实施，在不增加被调查者负担的基础上，设计一套基于现有官方统计数据的 ICT 影响评估的工作流程。

所谓"连接不同来源的数据"，主要是指连接一些调查数据：

企业 ICT 使用调查；常规企业统计调查；创新调查；企业注册数据；企业层的投资/资本存量及 ICT 投资和 ICT 资本存量。

该项目所进行的 ICT 影响评价主要包括以下两个层面：一是各国采用企业层微观数据，利用微观计量方法分析 ICT 对企业的生产率、经济绩效等方面的影响；二是将各国企业层微观数据进行汇总，进行行业层分析并进行各国的比较。

这个项目于 2008 年开发出一套 ICT 影响评估的工作流程，提出一些方法、分析结果和对未来测度的建议（Clayton，2008）。该项目所使用的 ICT 指标和背景变量/IT 互补元素（Clayton，2008），对 ICT 影响指标的计量，分别见表 4 - 8 和表 4 - 9。

表 4 - 8　　　　　欧盟的 ICT 指标和背景变量/IT 互补元素

	对大多数国家的变量	附加变量
ICT 指标	企业使用计算机 使用计算机的员工的百分比 企业使用互联网 访问互联网的员工的百分比 企业拥有网站 企业通过互联网（或 EDI 等）订购 订单（或价值）的百分比 企业通过互联网（或 EDI 等）销售 销售（或价值）的百分比 企业拥有内部网 访问内部网的员工的百分比 企业拥有高速互联网接入 员工能够访问高速互联网的百分比	电子业务流程的使用 使用技术的灵活度（Mobility of Access to Technology） 员工使用技术的灵活度（Mobility of Workers Accessing Technology） 企业层面 IT 投资（或支出）
背景变量/IT 互补元素	组织规模 企业年龄 雇用 工资 资本存量 所有权（本地或国际） 外包比例（计量采购额/销售额或类似） 劳动力素质的度量（按人均报酬测度） 行业特征（增长，进/出，企业份额变动）	企业的跨国组织（来自对外直接投资 FDI 和所有权数据） 员工技能（来自连接的雇主—雇员数据集） 组织的变化［来自本地调查，或欧共体创新调查（Community Innovation Survey，CIS）］ 创新的测度［来自欧共体创新调查（Community Innovation Survey，CIS）］

表 4 – 9　　　　　　　　　　**欧盟对 ICT 影响的度量**

水平	增长率
生产率的度量 　－销售总额/员工（vs industry） 　－附加值/员工（vs industry） 生产率按多要素生产率测度（对拥有投资、IT 投资、劳动力和其他投入的企业层面数据的国家）	生产率变化的度量 　－销售总额/员工（vs industry） 　－附加值/员工（vs industry） 增长率的度量 　－销售总额（按行业生产者价格指数平减） 　－使用 IT 企业在行业中的市场份额 　－附加值（可能的地方双平减） 　－雇用，或在行业中的雇用份额

4.2.3　国际电信联盟

应各国统一信息化指数、进一步发展和改善信息化评估体系的要求，2007 年国际电信联盟（ITU）在日内瓦举行的第六届世界电信和信息通信技术指标会议（WTIM）上推出国家信息化发展指数。ITU 在总指数下构建了以下三个分类指数：

●ICT 接入指数；

●ICT 应用指数（主要是个人，同时也包括家庭、企业，以及将来可能提供的数据）；

●ICT 技能指数（或者说能够有效地使用信息通信技术的能力）。

对每个分类指数，列出潜在可行的变量（或指标），最后从中选择了 11 个指标。ITU 国家信息化发展指数指标体系见表 4 – 13。

4.2.4　英国国家统计局（U. K. National Statistics）

英国国家统计局为了比较分析电子商务准备、使用和对国家经济的影响，对电子商务测度方法进行了研究，发布了相关文件（Clayton，2002）。该文件总结了 ONS（Office for National Statistics，国家统计局）、DTI（Department of Trade and Industry，贸易工业部）和 OeE（Office of e - Envoy，电子特使办公室）的研究成果，提出了分析框架、测量方法、变量及其来源、数据质量及进一步要做的工作，设计了 80 个指标，对 9 个经济大国实施了统计调查，并给出对 9 个经济大国实施统计调查的结果。其测度基准框架见表 4 – 10。

由于数据来源问题，调查使用的核心指标有 49 个（其中 40% 的指标是国际认可的国家或国际层次上官方统计的主要成分），见表 4 – 10。

ONS 每年开展电子商务专项调查，近年来主要测度企业电子商务活动、ICT 使用情况以及家庭和个人 Internet 使用情况（ONS，2014）。

表 4 – 10　　　　　　　　英国统计局的 ICT 指标

	指标	定义
市场准备	风险资本利用率	全部私有股本/风险资本投资占 GDP 的百分比
	企业研发投资	商业企业界 R&D 经费占 GDP 的百分比
	ICT 产品与服务的开支占 GDP 的百分比	ICT 开支 = 软件 + 硬件 + ICT 服务 + 电信设备与服务
	IT 职员数	高技能 ICT 工人占所有职员的百分比
	IT 文化教师的百分比	教过 ICT 入门课程的中学教师的百分比
	每台 PC 的学生数	中学每台 PC 的学生数
	接入 Internet 的计算机数/百人	中学每百人拥有的接入 Internet 的计算机数
	连接 Internet 的学校的百分比	连接 Internet 的中学的百分比
	ICT 教育境况	数学与计算机科学大学毕业生的百分比

续表

	指标	定义
市场准备	使用 Internet 教学的教师的百分比	用 Internet 进行教学的中学教师的百分比
	研究机构间的连接速度	核心网络间的连接速度 Gb/s
个人准备	有计算机的家庭的百分比	有一台计算机的家庭的百分比
	Internet 访问的家庭的百分比	以任何方式访问 Internet 的家庭的百分比
	宽带访问的家庭的百分比	有能力进行宽带访问的家庭的百分比
	有技能障碍的个人的百分比	个人对技能障碍调查的回答
企业准备	有一台计算机的企业的百分比	包括 PC、工作站和终端
	Internet 访问的企业的百分比	以任何方式访问 Internet 的企业的百分比
	宽带访问的企业的百分比	有能力进行宽带访问的企业的百分比
	经过 IT 培训的劳动力的百分比	给劳动力提供正式 IT 培训的企业的百分比
技术和访问	个人 Internet 访问价格	非高峰期价格
	企业 Internet 访问价格	非高峰期价格
	个人宽带 Internet 访问价格	居民对服务（不包括每年的连接）的平均租用费
	企业宽带 Internet 访问价格	低速商务服务（不包括每年的连接）的平均租用费
	认为访问成本是障碍的企业的百分比	未来使用在线技术有障碍——在线技术安装费
	认为访问成本是障碍的家庭的百分比	对使用 Internet 认为负担不起或有障碍的家庭的百分比
个人使用	使用 Internet 的个人的百分比	去年使用的，或曾在某些国家调查中使用的
	使用宽带 Internet 的家庭的百分比	宽带渗透率
	使用频率	一周访问若干次的用户的百分比

续表

	指标	定义
企业使用	使用宽带 Internet 服务的企业的百分比	Internet 连接方法（%）：使用租赁线路（2–155Mbps 及更高），无线宽带/卫星（256kbps–155Mbps）
	连接 Internet 小型企业的百分比	定义为 10～50 人
	访问 Internet 劳动力的百分比	至少每月访问 Internet 的劳动力的百分比
个人目的	网上购物的个人的百分比	购买或预订票/产品/服务
	消费者人均网上花费	消费者人均 B2C 交易额
	访问目的	为了经济目的（银行业务和找工作）使用 Internet 的家庭的百分比
企业目的	有网站企业的百分比	任意类型的网站，市场营销或销售的，自己或第三方的
	网上销售企业的百分比	通过 Internet 或其他计算机网络进行交易，产品和服务通过这些网络预订，但支付和配送可以是网下进行的
政府服务	使用网上政府服务的家庭的百分比	通过 Internet 使用政府服务的家庭的百分比
	使用网上政府服务的企业的百分比	通过 Internet 访问政府服务的企业的百分比
信誉与安全	经历过安全问题的个人的百分比	问题定义为：计算机病毒，入侵，攻击，信用卡滥用及其他
	*认为安全是障碍的企业的百分比	未来使用在线技术有障碍——欺诈风险（%）
企业影响	*提供网上售后服务的企业的百分比	用 ICT 改变或改革售后服务的企业的百分比
	*网上招聘的企业的百分比	用 ICT 对外提供空缺名额和工作的企业的百分比
	网上购买的企业的百分比	通过 Internet 或其他计算机网络进行交易，产品和服务通过这些网络预订，但支付和配送可以是网下进行的

续表

	指标	定义
市场影响	ICT 界工作的增长	ICT 就业额占整个商业界的百分比
	安全服务器数	每千名居民的安全服务器数
	远程工作者的百分比	正规＋临时远程工作者占全部就业人数的百分比
	B2C 电子商务占总销售额的百分比	家庭电子商务销售额占总销售额的百分比
	B2B 电子商务占总销售额的百分比	企业电子商务销售额占总销售额的百分比
	ICT 服务占商业界附加值的百分比	ICT 界服务占商业界内的附加值的百分比

4.2.5　美国

美国 ICT 与电子商务起步较早，在全球范围内发展也最为迅速。这与美国良好的网络状况、大量高学历的网民、完善的法律、电子支付手段、成熟的社会信用体制等一系列情况分不开。

美国商务部下属三个部门统计局（Census Bureau）、经济分析局（Bureau of Economic Analysis）和经济与统计管理局（Economics and Statistics Administration）对 ICT 与电子商务测度进行了研究。为了描述数字经济，1999 年美国普查局对 ICT 与电子商务定义和相关概念进行了详细说明（U. S. Department of Commerce，1999）；2000 年发起一个填补相关数据空白的计划，每年对 4 个行业（制造业、商业批发、零售贸易、服务业）进行调查并发布电子商务统计报告（U. S. Department of Commerce，1999）；而且还开发了专门的电子商务统计（E – Commerce Statistics，E – STATS)的网址（http：//www. census. gov/programs-surveys/e-stats. html）发布相关信息，最新报告于 2016 年 7 月 7 日发布（US Census Bureau，2016）。经济分析局（Bureau of Economic Analysis，BEA）也测度和研究数字经济的影响，考虑将这些变化算入 GDP 和其他经济统计（Tehan，2003）。

许多调查公司纷纷进入此领域，如尼尔森和盖洛普（Nielsen & Gallup），还出现一些新型公司，如高德纳集团（Gartner Group）和 IDC（International Data Corporation，国际数据公司），提供 Internet 对消费者和企业影响的估计。佛瑞斯特研究公司（Forrester & Jupiter）出售一系列报告给企业经理，包括分析、劝告、调查数据、行业预测，订购费很高。这些公司的调查方法、分析方法、评价与预测方法互不相同，对数据解释也不同，而究竟哪家方法更精确，目前尚无定论。

4.3 国内典型信息化统计调查研究现状及其指标体系情况

中国国家统计局从 20 世纪 90 年代开始了《中国信息能力研究》和《中国各地区信息化水平测算与比较研究》，21 世纪初进行了《CII 中国电子商务指数指标体系研究与指数测算》的研究，开展了《中国信息化应用水平研究》《电子商务统计调查方案研究》和《中外电子商务统计及其应用研究》（贺铿等，2004），但尚未纳入国家的常规报表制度。

中国还没有建立正式、全面的官方统计体系。一些半官方或非官方机构尝试性地进行调查统计：中国互联网络信息中心（China Internet Network Information Center，CNNIC）开展的《中国互联网络发展状况统计调查》从 2000 年开始涉及电子商务调查；国家经贸委、中国社科院和北大共同开展了《中国企业互联网应用和电子商务发展水平统计调查》研究；塞迪顾问公司进行了《企业电子商务发展现状调查》研究等。

这些统计调查大多其内容及涉及范围非常有限，方法的科学性需要进一步研究。

（1）国家统计局相关研究

国家统计局从 1996 年开始研究信息化综合评价指数，对中国信息化评价指标体系和统计评价方法的研究方面做出了很大贡献。

2001 年，国家统计局相关课题组推出"中国信息化水平综合指数测算与评价的指标体系"，这套指标体系设置了信息资源开发利用、国家信息网络建设、信息技术应用、信息产业发展、信息化人才队伍建设、信息化政策法规和标准六个大类，共 25 个指标，用于测评国家及各地区的信息化水平。

2002 年，国家统计局受国家发改委和国务院信息办委托，制定了信息化发展指数（Ⅰ），信息化发展指数（Ⅰ）从基础设施、使用、知识、环境与效果、信息消费五个方面诠释国家信息化的总体水平，成为国家信息化"十一五"规划中的综合性规划指标，能够量化地评价中国各省市信息化发展水平，以及测算和进行信息化水平的国际比较。

2011 年，对指标体系进行调整与优化，提出信息化发展指数（Ⅱ），包括基础设施、产业技术、应用消费、知识支撑、发展效果 5 个分类指数和 12 个具体指标。

中国信息化发展指数指标体系见表 4 - 11。

表 4 - 11　　　　　　　信息化发展指数指标体系

总指数	分类指数	指标
信息化发展指数（Ⅰ）	基础设施指数	（1）电视机拥有率（台/百人） （2）固定电话主线拥有率（条/百人） （3）移动电话拥有率（部/百人） （4）计算机拥有率（台/百人）
	使用指数	（5）每百人互联网用户数（户/百人）
	知识指数	（6）教育指数（国外：成人识字率×2/3 + 综合入学率×1/3 国内：成人识字率×2/3 + 平均受教育年限×1/3）

续表

总指数	分类指数	指标
信息化发展指数（Ⅰ）	环境与效果指数	（7）信息产业增加值占 GDP（国内生产总值）比重（%） （8）信息产业研究与试验发展经费占 GDP 比重（%） （9）人均 GDP（美元/人）
	信息消费指数	（10）信息消费系数（%）
信息化发展指数（Ⅱ）	基础设施	（1）电话拥有率（部/百人） （2）电视机拥有率（台/百人） （3）计算机拥有率（台/百人）
	产业技术	（4）人均电信业产值（元/人） （5）每百万人发明专利申请量（个/百万人）
	应用消费	（6）互联网普及率（户/百人） （7）人均信息消费额（元/人）
	知识支撑	（8）信息产业从业人数占比重（%） （9）教育指数（国外：成人识字率×2/3＋综合入学率×1/3 国内：成人识字率×2/3＋平均受教育年限×1/3）
	发展效果	（10）信息产业增加值占比重（%） （11）信息产业研发经费占比重（%） （12）人均国内生产总值（元/人）

（2）国家信息化测评中心

2002 年，国家信息化测评中心（NIEC）推出第一个中国企业信息化指标体系，由基本指标、效能指标和评议指标三部分构成。基本指标体系主要包括战略地位、基础建设、应用状况、人力资源、安全、效益指数 6 个一级指标和 21 个二级指标，见表 4 - 12。效能指标由适宜度（战略适宜度、投资适宜度、应用适宜度、资源匹配适宜度、组织与文化适宜度）和灵敏度（信息灵敏度、管理运行灵敏度、对外反应灵敏度）两大类共 17 个二级指标构成。评议指标是对特殊非定量因素进行判断的评价指标（定性指标）。

表 4 - 12　　国家信息化测评中心的企业信息化基本指标体系

一级指标	二级指标	指标数据构成
战略地位	信息化重视度（分）	企业信息化工作最高领导者的地位；首席信息官（CIO）职位的级别设置；信息化规划和预算的制定情况
基础建设	信息化投入总额占固定资产投资比重（%）	软件、硬件、网络、信息化人力资源、通信设备等投入
	每百人计算机拥有量（台）	大、中、小型机；服务器；工作站；PC 机
	网络性能水平（分）	企业网络的出口带宽
	计算机联网率（%）	接入企业内部网的计算机的比例
应用状况	信息采集的信息化手段覆盖率（%）	采集政策法规、市场、销售、技术、管理、人力资源信息时信息化手段的应用状况
	办公自动化系统应用程度（分）	是否实现了日程安排、发文管理、会议管理、信息发布、业务讨论、电子邮件、信息流程的跟踪与监控等
	决策信息化水平（分）	是否有数据分析处理系统、方案优选系统、人工智能专家系统等
	核心业务流程信息化水平	主要业务流程的覆盖面及质量水平
	企业门户网站建设水平（分）	服务对象覆盖的范围；可提供的服务内容
	网络营销应用率（%）	网上采购率；网上销售率
	管理信息化的应用水平（分）	管理信息化应用覆盖率及数据整合水平
人力资源	人力资源指数（分）	大专学历以上的员工占员工总数的比例
	信息化技能普及率（分）	掌握专业 IT 应用技术的员工的比例；非专业 IT 人员的信息化培训覆盖率
	学习的电子化水平（分）	电子化学习的员工覆盖率；电子化学习中可供选择的学习领域

续表

一级指标	二级指标	指标数据构成
安全	用于信息安全的费用占全部信息化投入的比例（%）	用于信息安全的费用，包含软件、硬件、培训、人力资源支出
	信息化安全措施应用率（%）	信息备份、防非法侵入、防病毒、信息安全制度与安全意识培养等措施的应用状况
效益指数	库存资金占用率（%）	库存平均占用的资金与全部流动资金的比例
	资金运转效率（次/年）	企业流动资金每年的周转次数
	企业财务决算速度（日）	从决算指令的发出到完成一次完整的虚拟企业决算所需的最短时间
	增长指数	销售收入增长率、利润增长率

（3）北京大学网络经济研究中心

2001 年，国家经济贸易委员会贸易市场局同中国社会科学院信息化研究中心，以及北京大学网络经济研究中心实施了《中国企业互联网应用和电子商务发展水平统计调查》。调查采取问卷调查和案例调查相结合的方式。问卷调查，即定性方法，采用重要性评分（满分为 5 分）；同时对中国 11 家大型企业集团分布在不同地区、不同行业的下属企业开展案例调查。

2002 年，北京大学网络经济研究中心发表"中国企业信息化水平指标体系研究"一文，提出包括 8 个一级指标、28 个二级指标的企业信息化水平测评指标体系。

（4）中国互联网络信息中心

中国互联网络信息中心（CNNIC）成立于 1997 年 6 月 3 日，是中国最早涉及互联网相关调查的非营利管理与服务机构。从 1997 年起，CNNIC 每年组织二次"中国互联网络发展状况统计调查"，主要对上网计算机数、用户人数、用户分布、信息流量分布、域名注册等方面进行统计调查，并于每年 1 月和 7 月发布相应的调查报告，到 2016 年底已发布了 38 次中国互联网络发展状况统计报告。

4.4　国内外典型信息化统计调查指标体系分析比较

4.4.1　国外典型信息化统计调查指标体系分析比较

国外官方和国际性组织主要从宏观上调查电子商务的发展状况，见表 4 – 13，相关说明如下：

①OECD 提出的模型问卷，涉及企业和家庭两个方面，主要测度 ICT 的准备、使用强度和影响三个维度。2003 年 OECD 发布的 80 个指标，包括前两个维度的设计，没有"影响"维度，后来对模型进行过不断修订和完善，2015 年确定了 ICT 核心指标。

②欧盟的测度指标体系是从企业、市民、政府等方面了解 ICT 的准备、使用强度及对经济的影响，另外还关注安全、在线公共服务、带宽等情况。

③ITU 国家信息化发展指数指标体系主要是从个人、家庭方面了解 ICT 的接入、应用及情况。

④英国国家统计局提出指标体系包括了 80 个变量，这些变量依据可进行国际比较的原则选取，由于数据收集困难或暂时没有国际可比数据，仅列出 49 个。主要针对企业、家庭和市场设计统计指标，包括三个维度：准备、使用强度和影响，影响维度仅包括企业网上售后服务、网上招聘活动。

表4-13 国外典型 ICT 统计调查

统计调查的名称	统计调查的目的	主要指标
OECD "测度信息社会（Measuring the Information Economy）"	从企业和家庭角度了解： ● OECD 成员国基础设施情况 ● OECD 成员国 ICT 应用情况	● 准备指标 （1）拥有计算机的企业/家庭数量和比例 （2）接入 WWW （3）接入 Internet （4）ICT 技术 （5）ICT 技术应用的障碍 （6）认为 ICT 技术应用的益处 ● 强度指标 （1）计算机的实际使用和计划使用 （2）网站的使用 （3）基于 Internet 协议（IP）网络的实际使用和计划使用 （4）网上销售/购买比例/金额 （5）进行某些类别产品和服务的销售/购买的比例/金额 （6）从海外进行销售/购买的比例/金额
OECD 核心指标 2015	同上	（1）每百居民接入线路与接入方式 （2）每百居民移动用户数 （3）电信收入、投资和接入方式 （4）每百居民宽带用户数 （5）在宽带中光纤连接的百分比 （6）家庭计算机拥有率 （7）家庭互联网接入率 （8）家庭宽带连接率 （9）企业宽带连接率——在各自就业规模分类中 （10）企业宽带连接率 （11）ICT 专家就业占总就业的份额 （12）电信服务收入总额 （13）移动电信服务收入总额 （14）电信基础设施投资总额 （15）ICT 行业和部门的附加值 （16）ICT 行业的企业研发支出 （17）ICT 行业与部门的就业 （18）ICT 相关专利占比 （19）排名前 25 的 ICT 和其他技术结合的专利 （20）ICT 产品交易额 排名前 250 的 ICT 企业 ICT 行业增长占劳动生产率增长总额的比例 ICT 投资对 GDP 增长的贡献

续表

统计调查的名称	统计调查的目的	主要指标
欧盟 "电子欧盟基准指标（eEurope：Benchmarking Indicators）"	从企业、家庭、政府等几方面了解： ● 准备基础 ● 使用情况 ● 影响情况	● Internet 指标 （1）市民接入与使用 Internet （2）企业接入与使用 Internet （3）Internet 访问成本 ● 在线公共服务 （1）电子政务（E-Government） （2）在线学习（E-Learning） （3）电子医疗（E-Health） ● 电子商务与电子业务（E–Commerce 与 E-Business） （1）电子商务（E–Commerce）销售与购买 （2）电子业务（E-Business）准备与使用 ● 安全：安全信息基础设施，ICT 安全的经历与使用情况 ● 宽带：宽带渗透率
国际电信联盟"国家信息化发展指数指标体系"	从企业、家庭方面了解： ● 准备基础 ● 使用情况	● ICT 接入指标 （1）每日居民固定电话线长 （2）每日居民移动电话用户数 （3）每日居民国际互联网带宽 （4）家庭计算机拥有率 （5）家庭接入互联网比率 ● ICT 应用指标 （1）每百居民互联网用户数 （2）每百居民固定互联网用户数 （3）每百居民移动互联网用户数 ● ICT 技能指标 （1）成人识字率 （2）初中毛入学率 （3）高中毛入学率
英国国家统计局"针对国际电子商务基准的测度框架（Towards a Measurement Framework for International E–Commerce Benchmarking）"	从市场、企业、家庭、政府几方面了解： ● 准备基础 ● 使用情况 ● 影响情况	● 准备指标 （1）市场上投资、技能方面的准备 （2）家庭/企业基础设施的准备情况 （3）家庭/企业 Internet 接入方式、价格、频率、技术障碍 ● 强度指标 （1）家庭/企业使用 （2）政府服务 （3）网上购买情况 （4）B2B/B2C 电子商务销售额情况 （5）信用（E-Commerce 使用的障碍） ● 强度指标 （1）企业网上售后服务情况 （2）企业网上招聘情况

4.4.2　国内典型信息化统计调查指标体系分析比较

（1）调查对象不同，研究侧重点不同

有的研究（如《中国互联网络发展状况统计调查》）从宏观上统计和把握中国信息化的发展情况，而有的研究（如《企业互联网应用和电子商务发展水平统计调查》）则从微观上对企业的信息化发展进行统计和调查。

①《中国互联网络发展状况统计调查》是最具权威、最有代表性和影响力的定期调查，每年发布两次调查报告，但主要是从网民角度进行的定性调查，侧重于调查中国互联网的发展环境和人们对于信息化应用的主观意愿，例如互联网的基础设施和人们对于电子商务的参与程度。

②《国家信息化发展指数指标体系》指标体系侧重于信息化基础设施与发展环境，适用于政府对国家或地区信息化发展进行社会统计调查、综合评价和宏观监测。

③《企业信息化基本指标构成方案（试行）》从企业角度对信息化发展进行调查，但其基本指标适用于政府对企业信息化基本状况的宏观评估，并不独立用于对企业信息化水平的评价；效能指标是在基本指标基础上，以标杆库和标杆值为参照，形成对企业信息化实效的定量分析结论，也不直接体现信息化的应用水平。此外，指标设置过多，不利于实际操作。

④《企业互联网应用和电子商务发展水平统计调查》和《中国企业信息化水平指标体系研究》虽然从企业角度对信息化发展进行调查，但前者侧重于大中型企业的互联网应用和发展规模情况，所涉及的企业信息化内容不够系统和全面；后者侧重于信息化基础设施及其应用绩效，指标设置中对企业信息化投资的考虑

过重。资金投入不能反映企业信息化所达到的程度和水平，只能
说明企业管理者对信息化的重视程度。

（2）调查立足于宏观层次，研究角度单一

国内信息化统计调查研究大都立足于宏观层面，主要集中在国
家、社会、地区性信息化水平的分析与比较。而且，侧重信息化
的现有数量与规模，较多涉及信息化基础设施、应用状况、人力
资本、政策环境等，见表 4 – 14，较少注重信息化质量与潜力，研
究角度单一。

（3）调查较少涉及企业生产经营活动和业务流程信息化的
内容

国内宏观层面的信息化调查统计几乎都对信息化基础设施进行
测评，缺乏对企业信息化应用自身内容的测评。而在企业信息化
过程中，与硬件和网络的投资相比，信息化项目的开发与应用、
组织变革和流程再造等方面的投入及其效果更为重要。故从信息
技术与企业生产经营活动和业务流程集成的角度测评信息化水平，
更能反映企业信息化的内涵与实质。

表 4 – 14   国内典型信息化统计调查

统计调查名称	统计调查的目的	主要指标
《中国互联网络发展状况统计调查》	从网民角度了解： • Internet 基础设施和应用情况 • 网上购物情况（主要是定性调查）	• 上网计算机数 • 网民人数 • 中国带宽总量 • 网民个人特征 • 网民是否经常访问购物网站 • 网民是否通过购物网站购买过商品或服务 • 网民网上购物的原因 • 网民在网上购买过哪些商品或服务 • 网民认为网上哪些商品或服务还不能满足需求 • 网民一般采用哪种付款方式 • 网民一般选择什么送货方式 • 网民认为目前网上交易存在的最大问题是什么

续表

统计调查名称	统计调查的目的	主要指标
《国家信息化发展指数 I 指标体系》	从国家、社会层面了解中国的信息化发展水平	• 基础设施指数 • 使用指数 • 知识指数 • 环境与效果指数 • 信息消费指数
《企业信息化基本指标构成方案（试行)》	从企业角度了解： • 中国的信息化水平	• 战略地位 • 基础建设 • 应用状况 • 人力资源 • 安全 • 效益指数
《中国企业信息化水平指标体系研究》	从企业角度了解： • 中国的信息化水平	• 信息化固定资产投资 • 信息化基础资源 • 企业电子商务开展 • 信息化相关投入 • 标准化程度 • 网站与网络 • 数据库规模 • 技术投入
《企业互联网应用和电子商务发展水平统计调查》	从企业角度全面了解： • Internet 应用情况 • 电子商务发展水平	• 企业上网数 • 企业拥有网站数 • 开展电子商务的企业数 • 从事网上采购和销售业务的企业数 • 企业网上采购和销售商品/服务数量及金额 • 企业网上订单采购和销售占企业同期采购总额和销售总额比重 • 网上售后服务及送货方式 • 网上支付手段 • 企业负责 Internet 及电子商务工作人员所受教育情况
《中国信息化发展指数 II 指标体系》	从国家和社会层面了解中国信息化发展情况	• 基础设施指数 • 产业技术指数 • 应用消费指数 • 知识支撑指数 • 发展效果指数

4.5　本 章 小 结

　　本章对国内外有代表性信息化统计调查及信息化测度指标体系的研究状况进行了详细的分析与总结，并对这些研究特点进行了比较与评价。本章内容为后续的企业信息化测度指标体系的提出和信息化影响的实证研究奠定了基础。

第5章　信息化对电子商务同化的影响

本章在前面研究的基础上，阐述：①研究问题的背景，提出研究目标，明确研究内容和结构，归纳研究意义和创新点；②电子商务同化基本规律，基于创新同化理论、信息技术与电子商务相关文献，分析企业层面电子商务同化的相关概念、理论视角、基本特征，以及创新同化机理的代表性观点与业务流程观点；③信息化影响电子商务同化的因素与测度模型，在掌握电子商务同化基本特征和吸取欧美先进研究经验及成果的基础上，确定信息化对电子商务同化影响研究中企业层面电子商务同化的概念及信息化影响因素，提出企业信息化测度指标体系和影响电子商务同化的测度模型；④信息化对电子商务同化影响的实证研究，首先提出假设命题，其次阐述问卷设计和数据收集情况，说明变量的测量方法，最后运用统计分析方法，检验量表的信度和效度，分析各层面变量的因子结构，确定信息化对电子商务同化的关键影响因素，并对分析结果进行总结和讨论。

5.1　引　　言

信息技术的进步，大大改变了企业从事商务活动的方式。Internet 的扩散和基于 Internet 技术新型商务应用的迅速发展加速了这种改变。企业都在寻求新兴 IT 所带来的机遇，都想在各种商务活动中使用 Internet 及其相关技术。越来越多的企业利用电子商务，电子商务不仅能够减少成本和提高运营绩效，而且支持企业竞争战略和创新发展。电子商务使企业各项业务发生变革，成为企业获取和保持竞争优势的一个重要战略工具。电子商务在当代商务中发挥着重要作用。

然而，对电子商务现象方面的研究却远远不够，特别是电子商务与业务融合状况，电子商务支持企业正在运行的业务活动的状况。

5.1.1 电子商务是复杂创新

对于电子商务的定义，研究人员围绕自己的研究目的对电子商务进行了不同的界定。卡拉科塔和温斯顿（Kalakota & Whinston, 2000）给出的电子商务定义，从通信、业务流程、服务等不同角度界定电子商务，他们认为：

• 从通信角度看，电子商务是信息、产品/服务或者支付通过电话线、计算机网络或其他方式进行支付的传递。

• 从业务流程角度看，电子商务是技术的应用以达到交易和工作流程的自动化。

• 从服务角度看，电子商务是一个工具，满足企业、消费者和管理通过提高产品的质量和加快服务交付速度而降低服务成本的希望。

• 从在线角度看，电子商务提供了一种通过网络和其他在线服务购买和销售产品和信息的能力。

1997 年，国际商会在法国巴黎举行的世界电子商务会（The World Business Agenda for Electronic Commerce），明确了电子商务的概念。电子商务（E‑Commerce）是指实现整个贸易过程中各阶段贸易活动的电子化。从涵盖范围方面可以定义：交易各方以电子交易方式而不是通过当面交换或直接面谈方式进行的任何形式的商业交易。从业务范围包括信息交换、售前售后服务、销售、电子支付、运输等，这种狭义的电子商务主要是指借助计算机网络进行交易活动。而电子业务（E‑Business）是利用网络实现所有商务活动业务流程的电子化，不仅包括 E‑Commerce 面向外部的所有业务流程，如网络营销、电子支付、物流配送、电子数据交换等，还包括企业内部的业务流程，如企业资源计划、管理信息系统、客户关系管理、供应链管理、人力资源管理、网上市场调研、战略管理及财务管理等，这种广义的电子商务既包括企业内部商务活动，也包括企业外部商务活动，将上下游业务合作伙伴企业结合起来开展业务。

企业利用 Internet 及其相关技术支持价值链上各种业务活动，包括销售、客户服务、采购、订单处理、信息共享、与业务伙伴合作，等等。IS（Information Systems，信息系统）领域的研究人员也将电子商务简称为 Internet 使能的价值链活动。

本书采用广义的电子商务定义——电子商务是利用 Internet 及其相关技术进行价值链活动，认为电子商务是 Internet 使能的价值链活动，它不单单是通过 Internet 的买卖产品和服务，而包括组织任何通过 Internet 进行的业务流程或活动，如企业内部业务和通信交流。它涉及对业务流程、商务模型和战略内涵的新思考，旨在将 Internet 及其相关技术融入企业价值链活动和战略中。

企业要想成功地实施电子商务，需要考虑技术问题，而更关键的，则是要使技术与人的行为及管理活动相一致和匹配。电子商务既涉及技术层面，也涉及管理和业务创新层面，理解这一点至关重要。

罗杰斯（Rogers，2003）将创新定义为"一种被个人或其他采纳单位视为新颖的观念、实践或事物"。组织创新比个人创新更加复杂，其复杂性指创新在理解或使用上的相对困难程度。在组织创新范畴，复杂性亦指为适应采用的创新，职员、业务活动和流程发生改变的程度和广度。

电子商务是高知识密集型的组织创新，属于复杂的、多层面的创新，这意味着在技术、组织和战略上要进行改变，而大多数企业难以确定如何利用这个机遇。虽然电子商务在很大程度上受到Internet 或 IT 发展的支撑，但不能简单地将电子商务归为 IT 创新而忽略其商务的一面。电子商务在企业各方面产生重要影响，如组织结构、业务流程、商务模型、与客户和合作伙伴关系，等等。

电子商务首先是技术创新，反映了先进的电子商务技术的发展与应用；其次，电子商务是管理创新，意味着企业各方面的转型，包括组织结构、业务过程、工作方式、管理、与客户和合作伙伴的关系等；而且，电子商务是战略创新，为企业研制战略与商务模式提供机遇，这与斯旺森（Swanson，1994）提出的 IS 创新分类中电子商务属于Ⅲ型创新的论点一致，查特吉等（Chatterjee et al.，2002）的研究就将电子商务视为Ⅲ型创新，研究焦点在于其战略含义。

将电子商务视为复杂组织创新，从这种视角对电子商务进行深入研究，对于充分理解电子商务创新至关重要。首先，与电子商务创新相关的复杂性和知识障碍可能造成一种情形——采用决定没能导致创新的实际实施或潜在价值的真正实现。电子商务是多层面的组织创新，"采用者不是作出采用或拒绝的决定，而是选择不同层次的 IT 使用"（Bayer，1989）；其次，以前的研究结论表明必须将创新融入企业价值链才能产生显著的业务价值（Devaraj & Kohli，2003），然而创新采用的关键影响因素不见得就是创新扩散整个过程的关键因素，故以前的结论具有一定局限性。电子商务复杂创新的特点，使得电子商务扩散整个过程关键影响因素的潜在不变性问题成为一个重要的研究课题，给研究人员留下很大的研究空间。

电子商务的发展对社会经济发展产生巨大的推动作用，成为衡量企业、行业、地区乃至国家综合实力及竞争力的重要标志。而随着企业大规模的电子商务投入和广泛应用，电子商务的使用和管理效果的测度与评估问题成为政府和企业所面对的一个最大的挑战。事实上，企业认识到电子商务是其保持和获取竞争优势的一个重要战略工具，都增大了电子商务投资，但电子商务实施的效果不尽相同：一些企业将电子商务纳入其商业模式，在运营效率和客户关系上已取得切实改善；与此同时，很多企业从事电子商务活动却未产生任何价值。一直困扰企业的一个难题是：如何实施和利用 Internet 及相关技术以确保电子商务的顺利实施和成功。

近10年来，电子商务同化问题出现在信息系统学术领域，意指 Internet 及相关技术的使用"在组织工作流程中扩散并在这些流程相关活动中常规化的程度"（Chatterjee et al.，2002）。由于电子商务同化是关于提高企业长期生存的运营效率和竞争敏捷性，故成为一个重要研究分支（Zhu et al.，2006）。

然而，目前相关文献中企业层面电子商务同化影响因素方面的知识仍很有限，大多研究集中在电子商务的采用决定，常见的度量有采用、不采用和计划采用（如 Chwelos et al.，2001；Hong et al.，2006），也有部分研究主张采用经济指标度量电子商务同化效果，如网上收入/网上销售额/网上采购额所占比率（Hong et al.，2006；Vilaseca - Requena et al.，2007；Zhu，2006）。这些定义与度量方法都有一定局限性，因为企业作出采用决定不见得就代表其真正实施电子商务，正如贝尔（Bayer，1989）指出"采用者不是作出采用或拒绝的决定，而是选择使用不同层次信息技术（IT）"。而经济指标也解释不清楚企业电子商务实施过程究竟如何。

　　尽管国际上众多学者在这些方面已进行了大量的研究，但至今没有统一的结论。研究各有其特点，作者的研究目的不同，研究方法和理论不同，研究涉及因素也不同。研究人员使用各种术语描述这个现象，如电子商务使用（Hsu et al.，2006）、电子商务采用（Wu et al.，2003），但使用和采用术语不能抓住电子商务的复杂性质，以及电子商务集成或同化到企业各个方面的程度。另外，现有大多研究只关注某个或某些方面，主要集中在具体的电子商务实践，如网上销售、网上采购和网络营销。很少有研究将电子商务现象作为一个普遍现象去调查。故文献未能系统研究电子商务同化的一些问题，具体为：（1）电子商务同化的概念和测量方法；（2）信息化对电子商务同化的影响；（3）信息化对电子商务同化影响的理论框架和基于样本数据的实证评估。因此，建立一套系统、合理的信息化测评指标体系和信息化对电子商务同化影响的测度模型，提高信息化影响测评质量成为业界人士面对的一个重大课题。

　　在这样的背景下，借鉴国内外已有的研究成果并结合中国企业信息化的实际，研究企业信息化对电子商务同化影响的测度模型，分析信息化对电子商务同化的主要影响因素和规律，对于企业信息化的成功开展和实施，对于政府信息化宏观监测与决策支持，将起到重要作用。

5.1.2　研究问题与研究目标

　　本章研究对电子商务及其影响采用一个通用的视角，以丰富对电子商务现象和组织行为的理解，克服当前电子商务研究的局限。

　　本章研究将创新同化视角应用于电子商务框架的构建，重点在于强调电子商务创新跨越组织流程扩散以及在组织活动与流程中变成常规化的程度。本章引入电子商务同化的概念，在于强调电子商务是深深嵌入企业多层次、多方面的复杂创新。此外，同化还意味着侧重于电子商务采用后阶段的研究，因为电子商务是企业层面的创新，是电子化和网络化的业务活动，给企业带来深刻而复杂的影响。而且，电子商务是折中各种基于 Internet 实践的综合变革。因此，强调电子商务集成到业务实践，与强调企业是否采用电子商务相比，更有研究价值与现实意义。

　　本章研究探索企业电子商务同化问题，对创新同化理论和电子商务创新扩散文献做分析研究，最关注的问题是识别关键的信息化影响因素，而不是提供一个综合列表。本章研究依据组织创新相关框架强调电子商务同化的信息化前因问题，主要研究问题如下：

　　①如何界定电子商务同化和实施测量？

　　②什么框架适合作为研究信息化对电子商务同化影响的理论基础？

　　③如何建立一套系统的信息化测评指标体系和信息化对电子商务同化影响的测度模型？

　　④哪些因素使企业信息化对电子商务同化产生贡献？如何发生作用？

　　不同研究有着不同的研究目的。本章主要研究目标在于：提出一个更为合理的、以综合分析为向导的信息化对电子商务同化影响的测度模型，以弥补电子商务同化研究中的部分缺陷；同时通过鉴别电子商务同化关键因素，揭示企业在实施信息化过程中的企业资源配置（信息技术、人力、投资）、战略规划、管理创新、业务流程变革、内部环境建设等方面的具体途径及其解决方案，进一步丰富和拓展对企业电子商务同化的共识。研究目标具体为：

  ● 分析创新扩散和电子商务创新方面的现有理论和文献，总结电子商务同化的基本规律；

  ● 确定企业电子商务同化的概念与测量方法及测量维度；

  ● 构建一套系统考察信息化及其影响电子商务同化的测度模型；

  ● 确定信息化影响电子商务同化的关键影响因素及其贡献；

  ● 为管理者提供有关信息化与电子商务规划和实施的参考依据。

  本章的研究重点是如何更好地建立信息化影响因素和电子商务同化之间的关系模型，此外，本章尤其关注能够解释企业电子商务同化的关键因素及其贡献。

5.1.3 研究内容

  本章涉及的主要研究工作包括：详细分析企业层面电子商务同化的基本规律，确定相关概念、理论视角和基本特征，结合深入研究现有各种模型所包含的基本机理，基于电子商务总体与业务流程集成的视角提出信息化测评指标体系和信息化对电子商务同化影响的测度模型，并采用实证研究方法验证和修正模型，同时确定关键影响因素及其贡献。

  具体研究工作主要包括以下方面：

  （1）电子商务同化的基本规律研究

  详细分析企业层面电子商务同化的基本规律，确定相关概念、理论视角和基本特征。首先，基于国内外电子商务同化代表性研究，分析前人对电子商务同化的定义与术语，确定本章研究中的企业层面电子商务同化概念；其次，对前人电子商务同化相关研究的理论视角及电子商务同化的基本特征加以总结；最后，对相关电子商务同化理论模型的基本机理进行分析研究。

（2）信息化测评指标体系和信息化对电子商务同化影响测度模型的研究

深入研究现有各种模型所包含的基本机理，基于电子商务总体与业务流程集成视角提出信息化对电子商务同化影响的测度模型。首先，在掌握电子商务同化基本特征和吸取欧美先进研究经验及成果的基础上，提出一套企业信息化测评指标体系，然后，分析信息化影响因素与电子商务同化之间的关系，构建一个信息化影响电子商务同化的测度模型。

（3）关键信息化因素的鉴别和测度模型的修正

采用实证研究法验证和修正测度模型，同时确定关键影响因素及其贡献。首先，依据前面所提出的测度模型，提出相关假设命题；其次，确定变量的测度方法与测量问项，设计数据收集方式，从中国传统企业电子商务与核心业务流程集成的实际状况出发，通过样本调查获取企业数据；最后，采用统计分析方法，验证所提出的信息化对电子商务同化影响的测度模型，分析与识别影响中国传统企业电子商务同化的信息化关键因素及其贡献。探索构建企业信息化影响测度模型的方法，以便于有效地开展企业信息化及其影响的测评工作。

5.1.4 研究意义

研究具有重要的理论意义：

基于组织创新视角观察电子商务，采用创新同化观点，侧重于考察采用后阶段的电子商务创新——电子商务同化，这在电子商务文献中很少研究过。

一方面，作者认为电子商务同化是将 Internet 及相关技术从简单到复杂集成到企业内部业务流程的一个过程，而不是简单的采用或不采用。过程观点是对组织行为的一种更为动态的描述（Ma-gal，2001），它提供一种跨职能的、真正体现企业电子商务实质的观点，且能够关注企业的价值创造过程（Lefebvre，2005）。另一方面，电子商务同化的程度取决于企业多方面因素的共同作用，而不仅仅是信息技术的投入。

然而，文献缺乏系统考察企业层面信息化各方面特征对电子商务同化综合影响的实证研究，尤其针对传统实体企业，而电子商务主力军正是传统实体企业，不是网络公司。故本项目具有重要的研究价值。

研究具有重要的实践意义：

随着技术的迅速发展，电子商务的增长对商业价值的创造提高了巨大商机。然而，对电子商务性质及其价值创造，在从业者中仍存在误解和困惑。电子商务是复杂的组织创新，研究结果对于如何利用电子商务提供组织能力和竞争问题提供参考见解。

企业管理者应铭记：电子商务应用是一个过程，其初步采用不见得会产生价值，而采用后阶段更为关键。电子商务同化是实现电子商务价值创造过程的第一步。而且，只有那些能够部署电子商务、重新配置和更新现有资源和能力的企业，才会取得较高的运营绩效和竞争优势。

艾瑞咨询统计数据显示，2015 年中国电子商务市场交易规模为 16.2 万亿元，增长 21.2%；B2B 电子商务仍是主体，2015 年交易规模达 11.8 万亿元，占到 7 成以上，传统企业正在大规模进入电商行业，且预测 2018 年中国网购将达到 7.5 万亿元的市场规模。据中国电子商务研究中心（100EC. CN）监测数据显示，2016 年中国电子商务市场交易规模 20.2 万亿元，增长 23.6%。中国政府早已明确做出促进信息化与工业化的融合这一重大战略部署，且在

"十二五"期间已经从区域、行业、企业三个层面持续推进两化融合向纵深方向发展。中国电子商务经过 20 多年的发展，市场不断优化，正在进入一个高速发展时期。故应尽早加强中国在企业电子商务测评方面的研究。此外，发达国家信息与通信技术（ICT）影响测评的最新研究趋势是：利用微观（企业层）数据和常见的分析模型来分析 ICT 技术的影响，首先侧重于研究对商务与经济的影响，然后通过汇总企业层数据进行基于微观的行业和宏观分析。本章的研究与国际做法接轨，从企业层面做起，这对于进一步开展与国际可比的电子商务相关研究，使中国具有国际话语权和进入该学术领域的国际前沿有一定现实意义。

5.1.5 研究方法

本章研究方法主要把握两点：第一，充分借鉴相关研究成果；第二，理论分析与实证研究相结合。具体研究方法如下：

（1）企业层面电子商务同化的基本规律研究方面

采用在线全文检索法，以 "e-commerce/e-business assimilation" "e-commerce/e-business diffusion" 为主要关键词搜索相关文献（尤其在信息系统领域的权威期刊上，如 "MIS Quarterly" "Journal of Information Technology Management" "Management Science" "Information Systems Research" "Information & Management" 等）。然后采用文献研究法，探索现有研究存在的问题，吸取前人研究精华，具体如下：

• 从总结国内外不同研究视角和电子商务同化的定义、术语入手，探讨企业电子商务采用、扩散和同化的实质，深入分析电子商务与企业核心业务流程集成的机理，在此基础上，提出电子商务同化定义和测量维度。

● 基于创新同化文献，寻求解释电子商务同化特征的其他相关理论，对相关理论基础及其基本特征进行分析和总结。

● 阐述业务流程观的概念及特点，并从业务流程视角分析电子商务同化机理。

（2）信息化测评指标体系和信息化对电子商务同化影响测度模型的研究方面

运用比较分析法、归纳总结法，分析总结创新扩散理论等相关研究理论及框架，提出信息化影响企业电子商务同化的主要因素；进而基于业务流程的视角提出一个信息化对电子商务同化影响的测度模型。具体如下：

● 依据电子商务同化相关理论基础和基本特征，对企业信息化资源配置（信息技术、人力、投资）、战略规划、管理创新、业务流程变革、内部环境建设等方面进行综合分析对比，找出共性的因素，结合中国传统企业的特点和专家及管理者的共识，提出企业信息化测评指标体系。

● 基于发达国家先进的 ICT 相关研究成果和代表性电子商务同化相关研究成果的分析，确定信息化影响因素与电子商务同化之间的关系，建立信息化对电子商务同化影响的测度模型。

（3）信息化对电子商务同化影响的关键因素的鉴别和测度模型的修正方面

采用调查研究和实证研究法，收集具有代表性的企业样本数据，采用统计分析方法进行数据分析，验证所提出的测度模型。

● 调研设计。设计问卷，明确变量的测量问项，设计数据收集方式。选取具有代表性的样本企业，调查企业内部电子商务活动开展的实际状况，收集相关数据。

● 数据预处理。研究统计学在异常值甄别、遗漏值填补、数据标准化方面的先进处理方法，结合国际组织的相关研究成果，科学、合理地甄别异常值、补充遗漏值和进行数据标准化，使样本既能反映其绝对水平，又能反映企业间差距，在最大程度上体现企业真实得分和排序情况。

●数据分析。将利用前述研究成果，利用统计分析和结构方程模型等方法分析调查数据，检验自变量与因变量之间的关系，验证模型的合理性。同时，解释关键因素及其贡献程度，对模型做出相应修正。

本章研究采取的主要技术路线见图 5 - 1。

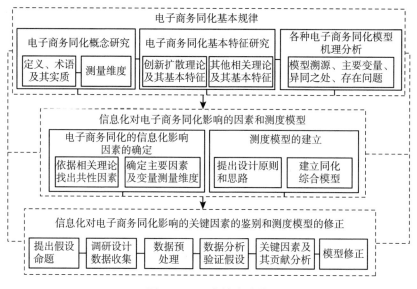

图 5 - 1　研究技术路线

5.2　电子商务同化基本规律

这一节详细分析企业层面电子商务同化的相关概念、理论视角和基本特征，包括：①分析创新同化的概念及其在组织创新活动方面的研究价值；②分析电子商务同化研究现状，总结前人对电子商务同化的定义与术语，以及研究特点；③对电子商务同化影响因素研究的相关理论视角及电子商务同化的基本特征加以总结；④分析创新同化机理的代表性观点及业务流程观，阐述业务流程观的概念、特点。目的在于强调文献中的相关论点和勾画知识背景，以便设计相关研究框架并据此建立测度模型。

5.2.1　创新同化

组织创新不同于个人创新，是组织层面的创新。达曼珀尔（Damanpour，1991）认为组织创新泛指采用一种对采用组织是新的思想或行为，并强调这里的采用指的是一种过程，包括新思想或行为的产生、发展和实施，而组织创新是采用新产品或服务，新工艺技术，新组织机构或管理系统，或与组织成员相关的新规划或计划。

研究组织创新活动，如采用、扩散和同化，可以归纳为三种基本的研究问题：（1）如何表明创新相关活动的概念；（2）哪些因素影响这些创新相关活动；（3）创新相关活动对企业有什么潜在影响。在这些问题中，第一个问题提供一个概念基础，限制了另两个问题的范围。采用不同创新概念的研究人员会应用不同的理论观点解决这些问题。

在组织创新文献中，组织创新的概念经历了一个从简单到复杂的过程。早期研究集中在采用特定创新的意图或决定模式（Chau & Tam，1997；Premkumar & Ramamurthy，1995）。创新采用这种简单的处理方式，在简单技术创新领域，如个人计算机采用，会运用得很好。然而，发起一种创新，尤其是复杂创新，对采用者并不一定意味着创新会普遍而深入地使用、注入和常规化。

对采用决定影响因素的理解固然重要，但对扩散整个过程的影响因素的理解对于促进企业 IT 创新的实施更为重要。最初的采用概念无法捕获一个企业是否真正将复杂创新融入其业务流程和活动中。一个常见的实例是当最初采用创新后，却出现实际很少或不再使用的情况。弗奇曼和凯默勒（Fichman & Kemerer，1999）称这种现象为"同化差距"。

同化差距归因于个人和组织因素。在个人层面，态度和知识障碍会使得个人用户不将创新视为他们日常业务的一个组成部分。通常需要个人用户重新构思其工作方式或活动以适应复杂创新。他们可能在学习创新和了解如何重新设计他们的工作活动以便有效使用创新方面遇到很多困难。在组织层面，既有组织因素，如结构惯性，可能在初步采用阶段后导致同化差距。组织成功使用创新通常需要创新与组织状况相互适应，否则会使采用者不能充分认识到创新潜在的收益。

为了解决同化差距问题，出现了专注于创新同化的研究分支。引入同化概念是为了克服采用概念的局限，考察企业在采用创新后是否真正将创新融入业务流程和活动中。研究人员将创新同化定义为：创新在组织活动和流程中扩散或常规化的程度（Fichman & Kemerer，1999；Chatterjee et al.，2002）。这个定义有两个含义：首先，创新同化指创新使用的普遍性，反映创新在企业内各种职能活动中扩散的程度；其次，创新常规化指创新成为业务活动或流程的一个稳定而常规的部分，反映创新融入或嵌入业务活动中的强度。

同化是从组织采用创新到对业务绩效产生影响的影响因果链中的一个关键的概念（Sethi & King，1994）。同化概念使得研究焦点从初步采用延伸到实施阶段，使研究者能够全面考察创新相关活动及影响。而且，同化概念意味着采用创新带来的潜在不确定的结果。一个组织即便成功地发起创新，当初始采用后也有可能遇到不同的结果。例如，组织无法完全获得创新的预期效果，这可能是由于组织成员对创新使用的频率不高、不一致、不认真而造成的，或者组织氛围与创新目标价值不相适应造成的；也有可能是因为组织遭遇到失败和财务困难引起的。创新同化视角不是将创新简化为一个"非此即彼"的变量，它可以丰富学术界对一些问题的理解，如企业采用复杂创新可能带来的结果，企业成功发起创新最终却未能如愿取得预期效果的原因等。因此，探索创新同化问题，对于充分理解复杂创新扩散过程及实际影响是十分必要和有益的。

从现有研究状况看，创新同化整个过程中关键因素影响的潜在不变性问题，一直是学术界争论的问题。达曼珀尔（Damanpour，1991）曾提出关键因素对同化整个过程的影响是同一方向的。然而，Zhu 等（2006）则认为这个重要的命题没有得到充分的论证，他提出同一因素在创新同化的不同阶段有"不一致的影响"。因此，对创新同化的影响因素及其贡献问题，文献至今尚未定论，是一个值得研究人员关注的重要课题。

5.2.2　电子商务同化研究

创新同化视角通常用于考量复杂创新，相关研究大致围绕三个方面展开：（1）采用决定；（2）采用过程——将采用过程看作一个整体或由多个阶段组成的过程；（3）采用过程的结果，即经济影响或价值创造。

电子商务属于复杂创新，属于 Type Ⅲ 创新，反映企业广泛整合 IT 到战略、活动和流程中的各种行动。电子商务是在组织中应用的 IT 创新（Swanson & Ramiller，2004），相关研究也经历了从决定采用（如 Wu et al.，2003；Hong et al.，2006）到广泛扩散的研究过程（如 Bertschek & Fryges，2002；Zhu et al.，2006）。

电子商务在初步采用后未必能保证在企业内部广泛而深入地使用。从相关实践看，采用电子商务的企业在电子商务与业务流程融合的范围和程度上，可能存在很大差别。一些企业采用电子商务不是用于支持核心业务流程，例如，企业使用电子采购主要用于购买办公产品、计算机和相关设备等非核心用品，而生产资料购买这类核心业务流程，仍然采用传统方式进行。另一些企业通过 Internet 开展商业交易，但应用十分有限，例如只在企业网址发布企业与产品信息。电子商务与业务活动有限地渗透，使企业电子商务实施效果不尽如人意。企业电子商务扩散的差异问题值得进行深入的研究。

由于采用决定的概念不能抓住复杂创新的实质——无法揭示企业是否真正将电子商务创新集成到业务流程和活动中（Rogers，2003），出现了"同化差距"——同化和使用率远远落后于采用率（Fichman & Kemerer，1999）。为了区别电子商务采用和采用程度（Al - Qirim，2005；Ghobakhloo et al.，2011），研究重点转向电子商务同化。电子商务同化研究成为学术界关注的重要课题。

事实上，文献中早有电子商务同化现象的研究（如 Chatterjee et al.，2002；Hsu et al.，2006；Vilaseca - Requena et al.，2007）。与电子商务采用研究相比，电子商务同化研究相对有限，且存在一些问题。

首先，研究人员描述电子商务扩散过程的术语、定义和测量不一致，导致了不一致的结果及令人困惑的解释，而且不能恰当地反映电子商务扩散过程的复杂性和电子商务与企业各方面集成的程度。例如，朱和克雷默（Zhu & Kraemer，2005）采用"电子商务使用"术语,用"网上开展的商务活动的数量和比例"测量;许等(Hsu et al.,2006)也采用"电子商务使用"术语,并将其定义为"多样性和规模",用"基于 Internet 商务活动的数量和比例"进行测量;洪等(Hong et al.,2006)使用术语"电子商务转移",将其定义为"从传统渠道转向 Internet 开展业务活动的程度",并用"网上收入与传统渠道收入之比"作为度量。吴等(Wu et al.,2003)使用"电子商务采用"术语,将其定义为"采用强度",用"电子商务支持具体商务活动的程度"进行测量;维拉西卡—雷克纲(Vilaseca – Requena,2007)采用"电子商务程度"术语,将其定义为"电子商务采用后的发展程度",用"网上销售额所占比率"来测量。朱等(Zhu et al.,2006)后来又采用"电子商务同化"术语,进一步将其定义为由初创、采用和常规化三个阶段组成的一个过程。这些研究使用不同的术语表示类似的概念,说明同样的现象——电子商务采用后的扩散问题。而"电子商务使用""电子商务采用""电子商务程度"等术语不能恰当地反映电子商务复杂创新的特点和电子商务融入企业各方面的程度。要明确地区分电子商务创新的初步采用与采用后的扩散过程,需要使用电子商务同化这种一致的概念,以提高对企业电子商务创新扩散过程及其影响的理解。

其次,近年研究集中在具体的电子商务应用,主要解释电子商务扩散对具体业务流程的影响。如电子政务(Hossain et al.,2011)、电子采购(Mishra et al.,2010)、B2B(Sila et al.,2012;Kurnia et al.,2015)、供应链管理(Ghobakhloo et al.,2011;Chan et al.,2012;Wu et al.,2015)、Internet 采用(Herrero Crespo et al.,2010)、网上旅游(Jalilvand et al.,2012)。这些研究对电子商务对具体业务流程的影响提供了有益见解,但忽略了各种

具体电子商务应用可能的交互作用与互补，无助于解释电子商务总体在企业的渗透情况，限制了对电子商务总体扩散现象的理解。

再次，相关研究国外占主导地位，洪等（Hong et al.，2006）从电子商务采用与电子商务迁移两个维度研究电子商务扩散过程，林等（Lin et al.，2008）从内部融合和外部扩散两个维度来研究电子商务扩散程度，沃尔斯等（Vowles et al.，2011）从广度和深度两个维度研究电子商务扩散过程。近两年国内逐渐增多，例如，赵晶课题组（2013）将从价值认知—组织实施两阶段研究电子商务扩散过程的驱动因素。

最后，从现有研究状况看，创新同化过程中关键因素影响的潜在不变性问题，一直是学术界争论的问题。达曼珀尔（Damanpour，1991）提出创新同化的关键因素在整个过程中的影响是一致的。而一些研究人员则发现同一因素对创新同化不同阶段的影响是不同的（Chan et al.，2012；Fichman et al.，1999；Zhu et al.，2006；Wu et al.，2012；2015）。例如，朱等（Zhu et al.，2006）将电子商务扩散过程划分为启动、采用和常规化三个阶段，证实在电子商务扩散整个过程的不同阶段同一因素的影响是不一致的，并提议这个重要的命题需要得到充分的验证。又如，刘茂长与鞠晓峰（2012）将电子商务扩散过程划分为技术采用和技术整合两阶段，证实大多数因素在扩散过程的不同阶段作用是一致的，但也有一些因素在扩散的不同阶段作用是不同的。由此可见，创新扩散过程中的影响因素及其贡献问题，至今尚未定论，是一个值得研究人员关注的重要课题。

综上，现有研究存在局限性，缺乏统一的电子商务同化概念，研究结果存在不一致、不可比，无法解释电子商务总体在企业的渗透情况。现有研究对电子商务总体现象和组织行为的理解十分局限。

为了克服以前电子商务研究中的这些局限，本书从创新同化视角考察电子商务，有两方面考虑：一方面将电子商务同化视为深深嵌入业务活动的复杂创新，体现的是从 Internet 及相关技术与业务活动、业务流程融合程度观察企业电子商务的实施与扩散情况；另一方面意味着研究注重电子商务创新的扩散过程。

5.2.3　电子商务同化的影响因素研究

为了鉴别创新的潜在影响因素，研究人员采用各种理论视角并开发不同的研究框架。在这些理论框架中，创新扩散理论（Rogers，2003）、制度理论（DiMaggio & Powell，1983）、技术—组织—环境（TOE）框架（Tornatzky et al.，1990）等的使用最为广泛。

5.2.3.1　创新扩散理论的应用

创新采用与扩散一直是各个学科（如组织行为、战略等）的研究人员所关注的研究课题。在 IS 领域，IT 的采用与扩散也一直是一个最具挑战的研究课题。IT 的迅速发展及其对业务务活动各方面日益显现的重要性，要求我们不仅要充分理解 IT 对业务流程、组织和社会的影响，而且要懂得在 IT 采用与实施过程中应如何去改进。

罗杰斯（Rogers，2003）的创新扩散理论被广泛用于考察组织创新采用和同化的潜在影响因素（Premkumar et al.，1994）。也有一些研究人员质疑创新扩散理论对于复杂组织创新的适用性，建议应该添加一些范畴的因素来解决创新的复杂性问题（Fichman，1992；Thong，1999）。普莱斯考特和康格（Prescott & Conger，1995）还建议在将传统的创新扩散理论应用于组织间系统时，应该加以修正。对于创新扩散理论是否适应于捕获电子商务中的复杂性问题，同样也受到一些研究人员的质疑（Srinivasan et al.，2002）。

过去几十年以来，罗杰斯（Rogers，2003）的创新扩散理论一直是 IS 领域的一个主导框架。许多研究者应用创新扩散理论研究 IT 的采用和实施。

5.2.3.2 体制理论的应用

一些学者从体制角度研究组织创新，关注影响组织创新活动的正当元素（例如 Teo et al.，2003）。按照体制理论，组织行动通常受到社会因素的带动，例如组织正当的需要，而不是处于经济或效率的考虑。

体制理论广泛用于考察 IT 或电子商务同化的前因。体制理论的应用主要有两个研究分支：一个用于解释组织行为如何受到外部压力的影响，例如，吉布斯和克雷默（Gibbs & Kraemer，2004）发现外部压力与政府推动对电子商务使用有显著影响；另一个用于表明高层管理在外部压力对企业创新同化的影响中起到桥梁作用。例如，梁等（Liang et al.，2007）展示了高层管理在外部体制压力和 ERP 系统同化程度之间的中介作用，他们的创新性工作是通过引入高层管理作用将外部压力影响扩展到企业内部。查特吉等（Chatterjee et al.，2002）依据体制理论揭示了高层管理支持在电子商务同化中的作用，他们提出技术同化的概念，认为技术同化是组织因素影响、引导和激励个人认知与行为的一个过程。

应用体制理论考察电子商务同化有一定局限性。电子商务同化是企业利用 Internet 及相关技术支持业务活动的过程，应该考虑各种因素的影响。

5.2.3.3 TOE 框架

TOE 框架作为一个研究创新影响因素的重要理论视角，是 IS 学术界用于考察创新扩散关键因素的一个成熟的框架。TOE 框架在 IS 领域已被广泛应用与考证，相关研究见表 5 - 1。

　　TOE 框架也被广泛用于电子商务相关研究（Zhu et al., 2006；Lin et al., 2008；Ghobakhloo, 2011；Sila et al., 2012；Ramdani et al., 2013），相关研究见表 5 - 1。

表 5 - 1　　　　　　　IS 领域应用 TOE 框架的相关文献

文献	创新	技术因素	组织因素	环境因素
伊亚科武等（Iacovou et al., 1995）	电子数据交换	效益	组织准备（IT 和财力资源）	竞争压力政府影响
库安等（Kuan et al., 2001）	电子数据交换	直接/间接效益	经济成本技术能力	行业压力政府压力
普雷姆库玛等（Premkumar et al., 1999）	信息技术	相对优势成本兼容性复杂性	高层管理支持组织规模	竞争压力外部支持纵向联系
唐（Thong, 1999）	信息系统	相对优势兼容性复杂性	组织规模从业人员 IS 知识信息密集性CEO 特征	竞争
周等（Chau et al., 1997）	开放式系统	效益感到的障碍遵循的重要性	IT 基础设施的复杂性现存系统的满意度系统开发和管理规范化	市场不定性
洪等（Hong et al., 2006）	电子商务	技术集成网络开支网站功能	组织规模	EDI 使用合作伙伴使用感受到的障碍行业类型
朱等（Zhu et al., 2006）	电子商务	技术准备技术集成	资质规模全球范围管理障碍	竞争强度监管环境
张等（Teo et al., 1998）	互联网	兼容性相对优势	技术策略高层管理支持管理风险定位	竞争强度信息密集性政府支持
林等（Lin et al., 2008）	电子商务	IS 基础设施IS 专业技能	组织兼容性预期收益	竞争压力贸易伙伴准备

续表

文献	创新	技术因素	组织因素	环境因素
苟巴克鲁等（Ghobakhloo et al.，2011）	电子商务	感知兼容性 感知相对优势	CEO 的创新 信息强度	买家/供应商压力 技术销售商的支持 竞争
伊飞雷都（Ifinedo，2011）	电子商务	相对优势 兼容性 复杂性	管理支持 组织准备	外部压力 政府支持
林（Lin，2014）	电子供应链	感知收益 感知成本	组织规模 管理支持 吸收能力	合作伙伴 竞争优势
拉哈宇等（Rahayu et al.，2015）	电子商务	感知收益 感知兼容性 技术成本 技术准备	组织规模 个人因素（领导创新意识、技术能力和经验）	客户/供应商压力 竞争压力 外部支持

尽管研究人员在不同研究范畴已经鉴别出各种影响因素，但这些因素的影响尚无定论。例如，研究人员普遍认为技术资源对企业电子商务使用程度有正向影响（Raymond et al.，2005），然而，许等（Hsu et al.，2006）的研究发现技术资源对电子商务使用多样性有正向影响，而不支持对电子商务使用规模的影响。因此，需要开展更为复杂的研究，进一步验证电子商务同化关键因素的潜在影响。

关注同化的研究要说明的问题是：当集成过程是长期的而结果为不确定时，创新采用与实施的影响因素在采用后阶段是否仍然保持它们的影响。目前文献中这类研究十分有限。作者近年主持和参与的相关项目研究正是力图在这方面做一些努力，以丰富该领域研究成果和克服现有研究局限。

TOE 框架和创新扩散文献为信息化及其影响评估研究提供了一个重要的理论背景，为选取不同范畴的信息化影响因素奠定了理论基础。

5.2.3.4　基于资源的观点

按照基于资源的观点，企业 IT 资源和与企业行为相关。前人的相关研究也认为 IT 资源与 IS 成功正相关，认为人、财、技术资源越多 IS 应用越趋于成功。由此，信息化及其影响评估研究可从人、财、技术三方面资源来考察技术特征的影响。

基于资源的观点对于分析获取和保持竞争优势的组织行为提供了有用的视角。当前，电子商务正在日益成为企业获取和保持竞争优势的十分重要的战略工具。由于电子商务同化过程具有知识密集与复杂性，组织需要一套资源与能力来管理整个电子商务同化过程。故 RBV 适于作为研究电子商务同化的理论视角。

5.2.3.5　互补理论

根据米贝格龙和罗伯茨（Milgrom & Roberts，1990）提出的 IT 互补机制的假说，企业 IT、组织变革与人力资本之间构成的互补系统对企业价值产生综合影响。

互补理论认为 IT、人力资本和互补性组织变革之间的互相补充、共同作用对组织行为产生影响。故信息化及其影响评估研究可依据互补理论考察组织互补因素的影响。互补理论为这类研究选取不同范畴影响因素提供了理论依据。

5.2.4　创新同化机理

5.2.4.1　代表性观点

以往的研究对于组织创新同化的机理问题主要持有两大类观点。

一类观点认为组织创新同化过程是从创新初步采用阶段一直到创新价值实现的由若干个连续阶段构成的一个完整的生命周期。例如，迈耶和格斯（Meyer & Goes，1988）认为组织创新同化过程要经历三个连续的阶段。库珀和泽玛德（Cooper & Zmud，1990）认为创新同化过程是一个生命周期——由启动、采用、适应、接受、常规化、侵入六个阶段组成。罗杰斯（Rogers，2003）提出组织创新要依次经历五个顺序阶段的生命周期。

另一类观点认为组织创新同化指创新采用后的使用与采用程度，研究中通常要虑的问题是用哪些测量维度来描述创新同化（如 Ghobakhloo et al.，2011；Chatterjee et al.，2002；Liang et al.，2007；Purvis et al.，2001；Ranganathan et al.，2004）。例如，马塞蒂和泽玛德（Massetti & Zmud，1996）提出一个包括规模、多样性、广度与深度的四维框架。梁等（Liang et al.，2007）对 ERP 的同化，用规模维度表示通过 ERP 执行的业务流程的百分比，多样性维度代表采用 ERP 技术自动化的业务职能部门的数量，深度维度表示 ERP 系统对业务活动从规划到决策的直接影响。拉马默蒂等（Ramamurthy et al.，1999）设计了两个维度分别表示 EDI 的内部集成与外部集成。朱和克雷默（Zhu & Kraemer，2005）采用广度和深度两个维度描述电子商务使用。许等（Hsu et al.，2006）采用多样性和规模两个维度说明电子商务使用。

5.2.4.2　业务流程观

在 IT 的生产率与业务价值方面，有两种研究分支，一种是以 Brynjolfsson 等人为代表的生产经济学为基础的途径（Brynjolfsson，1996），另一种是以 Barua 等人提出的面向过程的途径。

巴鲁阿等（Barua et al.，1995）认为信息技术使企业的工作流程发生变化进而提高企业竞争力，故提出面向过程的方法。与基于经济学的方法相比，面向过程的方法更有助于了解 IT 创新的价值创造过程以及如何测量价值的问题。正如考夫曼和韦尔（Kauffman & Weill，1989）倡议的"在 IT 研究上，价值分析首先应放在技术对组织的影响上"。

业务流程观则源自这种面向过程的方法，认为 IT 的价值应体现在 IT 对业务活动与流程的影响上，应该把鉴别 IT 对业务流程的影响作为研究的出发点。流程观点能够对组织行为进行更为动态的描述，这种观点提供了一种跨职能的视角，能够反映组织创新同化的实质并让研究者关注价值创造过程。

从现有研究状况看，一方面，基于流程观的 IT 创新同化的研究十分缺乏。米什拉和阿格沃尔（Mishra & Agarwal，2010）提出"虽然我们对创新采用的驱动因素已经充分了解，但对创新使用的如何却不甚了解"，并强调"组织将技术创新纳入现有例程并定期使用的过程，是当前学术界关注的焦点"。另一方面，虽然 IT 价值创造研究成果颇为丰富，但基于流程观的创新同化价值创造研究被忽略了。麻省理工学院、佐治亚理工学院等大学教授（Mitra，Sambamurthy & Westerman，2011）指出现有研究忽略了考察"IT 投资的业务价值、IT 对业务流程改进的作用，以及 IT 使业务创新实现的能力"。施焉（Schryen，2010）在分析了 22 个文献综述和 200 多篇权威期刊 IT 价值文章的研究结果后，提出"IT 业务价值的一些关键领域文献还未完全涉及，……只有少数研究涉及无形收益（如能力与知识的增加）"，认为"由于理论与方法的缺陷，导致研究结果具有局限性"，故"长期以来一直难以解释 IT 的业务价值"。米特拉等（Mitra et al.，2011）也指出现有研究忽略了考察"IT 投资的业务价值、IT 对业务流程改进的作用，以及 IT 使业务创新实现的能力"，认为目前缺乏对企业基于 IT 的业务流程能力的研究。

目前，无论是国内还是国外，流程观对 IT 创新同化及价值创造的作用基本停留在理论层面的探讨，研究结果有待进一步证实，尤其在企业依靠电子商务支持业务活动进而创造价值方面。

本节主要对创新同化文献与电子商务相关文献进行了回顾，吸收前人的研究精华，分析存在的问题，为后续章节信息化影响测度模型的建立奠定理论基础。创新同化理论有助于研究电子商务同化的概念。创新扩散理论、体制理论、TOE 框架、基于资源的观点与互补理论是选择电子商务同化的影响因素的理论依据。创新同化机理的代表性观点与业务流程观的概念、特点的分析，目的在于分析企业电子商务同化机理，确定电子商务同化的研究视角和分析单元。

5.3　信息化对电子商务同化影响的测度指标体系

本节在掌握电子商务同化基本特征和吸取前人研究经验及成果的基础上，阐述企业层面电子商务同化概念及影响因素，提出企业信息化对电子商务同化影响的测度指标。包括：①说明企业电子商务同化的定义与测量维度；②确定信息化对电子商务同化影响的主要因素；③构建一个企业信息化对电子商务同化影响的测度指标体系。

5.3.1　电子商务同化概念与测度

电子商务同化概念的重点在于将电子商务视为深深嵌入到企业多层次、多层面的复杂创新。电子商务影响到企业的各个方面，反映了企业在将电子商务应用集成到业务活动、流程和战略方面的行动。电子商务同化过程不仅仅是一个单一的采用决定事件，它包括一系列事件。

作者将业务流程观扩展到电子商务同化，从业务流程视角观测企业电子商务同化。业务流程观把技术对业务流程的影响作为分析的出发点，本次研究也相应地把 Internet 及相关技术对业务流程的影响作为企业电子商务同化分析的出发点。

5.3.1.1　电子商务同化定义

从两化融合出发，依据业务流程观，基于电子商务总体与业务流程融合视角，将电子商务同化定义为：在企业各方面因素的综合作用下，Internet 及相关技术不断而深入地融入企业价值链上的业务流程的过程，见图 5 – 2。

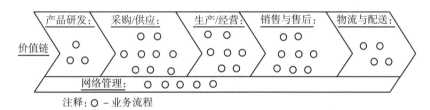

注释：〇 – 业务流程

图 5 – 2　价值链上的业务流程

5.3.1.2　电子商务同化测量维度

根据电子商务同化的定义，本次研究把受到电子商务影响的业务流程作为企业电子商务同化的分析单元，即从鉴别企业哪些业务流程是电子化实行的这个角度来度量电子商务同化的程度。

具体来说，就是用价值链上电子化的业务流程（以电子化方式执行的业务流程）作为电子商务同化的测量维度，如表 5 – 2 所示，即使用价值链上各职能部门电子化的业务流程的数量作为电子商务同化的度量。

表 5－2 电子商务同化的测量维度

类别	业务流程/活动（0－1 刻度项）
协同研发	（1）传递技术资料给客户/供应商 （2）客户/供应商协同设计 （3）使用软件研发产品和管理产品数据
信息发布	（4）企业介绍和形象宣传 （5）产品/服务信息 （6）产品/服务价格
在线搜索	（7）供应/需求信息、产品/服务信息及价格 （8）新供应商/客户
网上谈判	（9）与供应商/客户谈判合同（交易条件，如价格、数量等）
网上交易	（10）通过电子目录、电子拍卖、电子招标通告、供应商/客户订单等进行产品/服务的网上采购/销售
电子支付	（11）与供应商/客户间的电子结算
客户支持	（12）售后/技术服务 （13）受理客户投诉
物流管理	（14）使用物流信息系统 （15）运输过程中产品跟踪 （16）允许运输伙伴访问货物信息
网站	（17）拥有域名
宽带接入	（18）宽带/专线连接
商务通信	（19）拥有电子邮件（e-mail）系统
库存管理	（20）访问供应商/客户库存 （21）允许供应商/客户访问库存
生产管理	（22）使用软件系统进行生产过程的优化管理

5.3.2 信息化测度指标体系

5.3.2.1 设计原则

（1）科学性原则

任何指标体系都应该建立在一定的理论基础之上，本章的研究依据信息技术扩散理论和信息化影响评价理论，结合企业信息化自身的特点，借鉴国内外统计调查的信息化指标构建指标体系。

（2）系统性原则

指标体系的设置尽量系统地反映企业信息化发展的各方面，以便从不同角度做出评价；而且要考虑指标间相互联系，以做出综合评价。

（3）可操作性原则

指标应有明确的定义和内涵，易于理解，此外，考虑指标量化及数据获得的难易程度，易于收集与操作。

（4）简约性原则

指标设置上尽量选取较少、具有代表性的指标反映较全面的情况。

（5）易量化原则

以可以直接用数量来表示的量化指标为主，定性指标的选取注意其可量化性。

（6）可比性原则

指标名称和含义具有可比性，一方面是国际可比性，另一方面是与纵向和横向比较——企业历史记录的动态变化和指标在空间范围内可比性。

5.3.2.2　信息化对电子商务同化影响的主要因素

信息化及其影响评估方法研究依据创新同化理论与 TOE 框架，结合制度理论、基于资源的观点和互补理论，以 IT 与电子商务相关文献为基础，筛选信息化实施对电子商务同化影响的主要因素。

文献中有大量的影响因素，但在以前的研究所包含的变量缺乏一致性，而且有的研究结果是矛盾的。本章的研究侧重于选择与电子商务实施特别相关的一些特征，强调企业现有的信息技术基础、IS 应用相关投资、企业拥有的 Web 相关的技术能力、与电子商务应用相关的安全问题、企业的组织特征、企业实施电子商务的战略特征。

（1）技术因素

本章的研究侧重于从信息化资源角度和 Web 技术两个方面观测技术因素对电子商务同化的影响。

文献已经识别了大量影响创新采用与扩散的技术因素。许多研究对相对优势、兼容性等创新特征进行过验证，近年来也有研究证明它们在解释电子商务采用程度上仍然起到关键作用（如 Ghobakhloo et al.，2011；Ifinedo，2011）。

电子商务是 IT 创新与投资的一个重要领域（Sauer，2000），使用 Internet 及 IT 技术作为技术基础，故需要相应的技术资源。

席林（Schilling，1998）认为，企业投资于一项新技术开发的同时也就扩展了企业现有的知识基础和经验；而企业对学习的投资，又促进了企业未来获得知识和开发技术的能力，提高了企业对新技术的吸收能力。因此，投资—学习—再投资的过程，是企业获得越来越多相关知识的发展过程，是新技术在企业应用范围和深度不断扩大的过程。IS 技术投资，会使企业进入一个学习过程，使企业有关信息化的知识和经验得以扩展和改善，从而加深 IS 应用程度。

研究人员早就提议应考察 IS 投资的影响（Thong，1999），且认为专业知识与技能是影响新技术扩散的一个重要因素且具有正面影响，还提出企业网络预算越高就越可能将离线交易转向在线平台（Hong et al.，2006）。文献认为 IS 资源与 IS 成功和使用之间存在正相关关系（Premkumar & Ramamurthy，1995），人力、财力、技术资源越多 IS 应用越趋于成功（Raymond，1990），基本人力、财力、技术资源的缺乏会大大阻碍新技术的使用（Dasgupta et al.，

1999）。

按照基于资源的观点，信息化人力、财力、技术这些资源很可能是保持竞争优势的源泉，因为它们通常在组织间是异质的，难以从一个组织移到另一个组织。互补理论认为 IT、人力资本和互补性组织变革之间的互相补充、共同作用对组织行为产生影响。由此，本章研究从信息化人力、财力、技术资源方面来考察技术因素对电子商务同化的影响。

此外，Web 技术提供了大量安全和个性化的 Web 功能，从内容的静态展示到交易的动态捕捉（Chatterjee et al.，2002）。企业要有能力利用先进的 Web 技术设计更丰富的 Web 功能，这有助于企业给客户提供实时信息，更新产品供应，变更价格，通过在线账户管理提供自助服务，和供应商进行在线交易（Hong et al.，2006）。企业有能力提供更多的 Web 功能，其客户和贸易伙伴就更愿意进行在线交易，企业电子商务同化的程度就可能更大。Web功能是企业利用互联网开展电子商务的最基本的技术保障，但目前文献对于说明 Web 功能作用方面的证据却很少，故本章研究将Web 功能选作技术因素考察其对电子商务同化的影响。

（2）组织因素

本章研究考察组织规模、企业性质这些组织因素对企业电子商务同化的影响。

组织规模。文献有大量研究考察过组织规模与 IT 采用和使用之间的关系，但结果好坏参半（Raymond，1990）。既然在组织规模的作用上存在不同意见，对规模影响的理解还是不太清楚的。对于组织规模，员工人数是研究人员使用最多的一个观测变量。一些研究证明员工人数作为组织规模的度量，与电子商务的使用之间存在负相关关系，认为是大型企业在使用技术上可能会背负结构惯性的负担（Zhu et al.，2006；Hong et al.，2006）。然而，组织规模代表组织的一些重要方面，不仅包括组织结构，还包括闲置资源。众所周知，金柏利（Kimberly，1976）提出组织规模可以有4种度量方法（物理容量、员工数量、销售量、可自由支配资源），建议在不同范畴应使用不同的度量。普雷姆库玛等（Premkumar et al.，1999）认为大企业有很多闲置资源，有能力尝试新IT创新。大型企业一般都有可自由支配资源，因此被认为是创新扩散的推动者。但相关文献很少有在电子商务扩散研究领域去实证验证这个论点。故信息化及其影响评估方法研究从该角度出发，观测资金规模和生产规模对企业电子商务同化的影响，以验证组织规模的作用。

企业性质。IT创新文献中一些研究考察过企业性质作为组织因素的影响，但研究结果却是不一致的。一些研究证明企业性质与电子商务采用与扩散之间不相关，例如杨静等（2006）的研究表明专业市场所有制性质与电子商务实施程度不相关，邱长波等（2003）的研究也得出同样的结论——企业性质与电子商务的应用不相关。而另一些研究表明企业性质是一个关键的影响因素，例如，席拉（Sila，2010）的研究证明作为组织因素的企业性质，对基于Internet的组织间系统的采用起到重要的作用。故信息化及其影响评估方法研究考察企业性质是否是电子商务同化的关键因素。

（3）环境因素

文献很多研究考证过环境特征对IT与电子商务采用与扩散的影响，认为外部压力、政府支持等环境因素是电子商务采用与扩散的关键因素（Ghobakhloo et al.，2011；Ifinedo，2011；Sila et al.，2012）。本章研究涉及的环境因素与以往的研究有所不同，主要考察行业类型和电子商务所独具的特征——安全环境。

文献普遍认为行业类型是影响企业电子商务采用与扩散的一个关键因素。洪等（Hong et al.，2006）对制造业、零售/批发业、服务业三个行业的电子商务扩散进行对比分析，发现行业差异影响了电子商务扩散，服务业由于产品是无形的，其业务活动从传统渠道转向 Internet 平台的程度比较高。奥利维拉等（Oliveira et al.，2010）对电信和旅游两个行业进行比较分析，认为不同行业在电子商务采用上存在显著差异。穆响纳等（Muhanna et al.，2010）研究 IT 能力及相关价值间的关系时，证明这种关系基于行业类型的不同而不同，在高技术行业两者的关系尤其显著。故信息化及其影响评估方法研究考证行业类型对陕西传统企业电子商务同化是否仍然具备这种影响。

安全是电子商务独具的特征，是电子商务同化过程中一个不可缺少的条件。文献认为安全问题是未来电子商务发展的障碍（Fillis et al.，2004），但分析目标是将 Internet 用于商务目的时，证据不够充分（Sadowski，2002）。虽然企业管理人员也非常担心在线交易的诚信和安全问题，文献中很少有研究考察安全问题的影响。在电子商务范畴安全问题值得特别关注（Zhu et al.，2006），建立一个安全的电子商务环境会为企业电子商务同化过程提供更多支持，故信息化及其影响评估方法研究选择安全特征作为影响企业电子商务同化的一个环境因素。

（4）战略因素

本章研究考察高层领导支持、信息化战略匹配两方面战略因素对电子商务同化的影响。

领导支持。本章将领导支持作为一个战略因素，有两方面的考虑，一方面，IT 创新扩散文献已经充分研究了高层管理支持的影响，早有证据表明那些掌握企业资源调配权力的人会影响创新的采用与扩散（Thong, 1999），领导参与会对新 IT 的采用创建支撑环境和提供充分资源，故具有关键作用（Premkumar, 1999）；另一方面，体制理论的一个研究分支是用于考察高层管理的作用。例如普尔维斯等（Purvis et al., 2001）研究了高层管理支持对知识平台同化的潜在影响，而且查特吉等（Chatterjee et al., 2002）揭示了高层管理支持在电子商务同化中的作用。从前人的研究可看出，高层管理支持是企业电子商务同化研究要考虑的一个十分重要的影响因素。此外，按照基于资源的观点，领导的管理技能很可能是保持竞争优势的源泉，因为它们通常在组织间是异质的，难以从一个组织移到另一个组织。管理 IT 的技能通常不易复制和以低成本、不损失财富而转让。另外，领导的管理技能对组织迅速理解和适当评估新技术发展的潜在收益，对于充分利用 IT 潜力，起到关键的作用，故影响到组织电子商务同化的程度。

战略匹配。战略匹配指 IS 战略定位与企业战略定位的一致性。IT 创新文献早就发现 IS 战略定位与企业战略定位之间的匹配直接会影响到 IS 应用效果（Chan et al., 1997）。鲁夫曼（Luftman, 2000）断言企业战略匹配程度越高，越有可能成功地利用 IT 促使企业战略发挥作用，以获取和保持竞争优势。而且，有证据表明企业战略定位对新技术扩散有重要作用（Vilaseca - Requena, 2007）。但文献缺乏大量证据说明战略匹配对电子商务同化是否也具备这种作用。故本章研究选择战略匹配作为战略因素，考察其对电子商务同化的影响。

5.3.2.3　信息化测度指标体系方案

通过前述信息化对电子商务同化影响主要因素的分析，从技术、组织、环境、战略四方面设计了一套信息化测度指标，见表 5 - 3。

表 5 - 3 信息化测度指标体系

分类	指标
技术	IS 资源
	计划投入
	人力资源
	Web 功能
组织	组织规模
	企业性质
战略	领导支持
	战略匹配
环境	安全环境
	行业类型

5.4 信息化对电子商务同化影响的测度模型

本节基于电子商务同化理论与相关文献，以及对文献主要影响因素的综合分析，确定信息化对电子商务同化研究中企业层面电子商务同化的概念及影响因素，提出一个信息化对电子商务同化影响的测度模型。首先，将业务流程视角扩展到电子商务同化，确定了本章中企业电子商务同化的定义和测量维度，并提出从价值链上电子化执行的业务流程情况来观测电子商务同化程度；其次，集成创新扩散理论、制度理论、基于资源的观点、互补理论与 TOE 框架，依据前人研究中对影响因素的分类和选择，从技术、组织、环境、战略四个方面科学地选取电子商务所独具的信息化特征和在解释电子商务同化现象上相对重要的因素；然后，在此基础上构建一个企业信息化对电子商务同化影响的测度模型，见图 5 - 3。

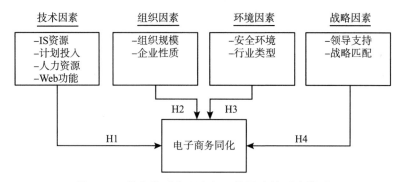

图 5 - 3 信息化对电子商务同化影响的测度模型

根据对相关研究中电子商务同化主要影响因素作用的分析，对图 5 - 3 的测度模型，提出相应的假设命题，如下：

H1. IS 资源 (H1a)、计划投入 (H1b)、人力资源 (H1c)、Web 功能 (H1d) 分别与电子商务同化正相关。

H2. 组织规模 (H2a) 与电子商务同化正相关，企业性质 (H2b) 与电子商务同化相关。

H3. 安全环境 (H3b) 与电子商务同化正相关，行业类型 (H3c) 与电子商务同化相关。

H4. 领导支持 (H4a)、战略匹配 (H4b) 分别与电子商务同化正相关。

5.5 信息化对电子商务同化影响测度模型的验证

在前面研究的基础上，本节对 5.4 节提出的测度模型，提出相关假设命题，确定变量的测度方法与测量问项，设计数据收集方式，采用统计分析方法通过对调查数据的分析验证测度模型和假设命题。为保证实证研究的有效性，本节将着重阐述该研究涉及的问卷设计、数据收集过程、数据分析方法和分析结果。

本节的内容包括：①辨明各变量的研究维度；②提出相应的假

设；③明确变量的测量问项；④设计数据收集方式；⑤通过统计分析检验提出的模型和假设；⑥对检验结果进行讨论，分析假设被验证的程度和说明的问题，确定企业信息化影响电子商务同化的关键因素及其贡献。

本书遵循文献推荐的验证模型的研究模式，包括理论建模、统计检验和改进几个连续阶段。

5.5.1 变量设计

本书基于相关文献和专家访谈，参考前人验证过的测度指标或者依据相关理论设计变量及测度。多指标量表需经过因子分析的检验，以进一步完善测度模型。

5.5.1.1 因变量

这里的因变量为电子商务同化，指 Internet 及相关技术不断而深入地与企业价值链上的业务流程融合的过程。以前的研究（如 Gibbs & Kraemer，2004；Rahayua & Daya，2015）认为电子商务使用程度（即电子商务同化）指"电子商务用于进行价值链上不同活动的数量，包括广告与营销、销售、采购、服务和支持、与客户和供应商的数据交换，以及业务流程的集成"，并且通过询问被调查人是否在这些活动中使用了电子商务技术进行评分，将各项得分（是 =1，否 =0）累计作为电子商务使用程度的测度。

本次研究中电子商务同化表示为企业应用 Internet 及相关技术完成各种必要的业务活动的程度，故从企业价值链上产品研发、采购/供应、销售与售后、物流和配送各职能的 11 个业务活动类别的业务流程来观测电子商务同化。对所有观测项均采用 0 ~ 1 刻度项，若某项业务流程被电子化执行，则计 1 分，否则计 0 分。因变量的测量维度见表 5 - 4。

表 5 – 4   电子商务同化的测量维度

职能	活动类别	业务流程（0 – 1 scaled items）
研发	协同研发	给供应商/客户传输文件或技术图纸 与供应商/客户协同设计
采购/销售	在线信息发布	企业介绍 产品/服务信息 产品/服务价格
	在线搜索	供应/需求信息 产品/服务/价格 新供应商/新客户
	网上谈判	与供应商/客户洽谈合同（价格、数量，等等）
	网上交易	通过电子目录、招标通告、电子拍卖、供应商订单等进行产品/服务的网上采购 通过电子目录、投标、电子拍卖、客户订单等进行产品/服务的网上销售
	电子支付	来自供应商/客户的支付 向供应商/客户支付
	客户支持	提供售后和技术支持 接收客户反馈
物流	物流管理	运输与物流管理
网管	网址	域名
	连接	宽带或专线接入
	通信	电子邮件系统

因变量电子商务同化为多值变量，其值为各项业务活动的汇总值。若某企业电子化执行的业务流程为 10 项，则该企业因变量取值为 10，以此类推。因变量值越大，表明企业转向电子商务的程度越高。

电子商务同化是逐步扩大的，目前大多数企业都能依靠电子商务完成基本的业务活动。因此，这样的设计比较符合实际情况。在以后的研究中，也能够很容易地扩展因变量的取值范围。

5.5.1.2 潜变量及其测度

表 5-5 列出本书所有信息化影响因素的变量、观测变量及其含义。

表 5-5　　　　　　　　　　变量及其测度与含义

变量	观测变量	含义
IS 资源	• IS 应用 • IS 财力 • 支出	• 主要职能领域现有 IS 项目数，包括：OA、CAD/CAM/CAPP、MRP/MRP Ⅱ、PDM、HRM、财务、库存、生产、销售、物流、进销存、MIS 或 ERP、CRM、SRM、BI 等 • 现有 IS 应用项目投资金额 • 过去 5 年的年均信息化支出金额
计划投入	• 计划应用 • 计划投资	• 计划近期实施的 IS 应用项目数 • 计划实施的 IS 应用投资预算
人力资源	• 专业人力 • 专业技能 • 职员素质	• IT 部门专业人员数 • IT 培训人次 • 从业人员工资水平
Web 功能	• Web 服务 • Web 集成 • Web 信息	• 从网站提供的服务电话、反馈、技术支持、免费服务、售后服务、在线社区、多种语言衡量 • 从订单处理、远程服务、协同办公、网上支付、物流配送、销售/采购自动化衡量 • 产品/服务信息的详细程度
组织规模	• 生产能力 • 资产	• 年生产值 • 净资产
领导支持	• 领导组织 • 领导知识	• 领导亲自组织与推动电子商务相关管理工作 • 领导电子商务相关知识与管理技能
战略匹配	• IS 规划 • 机构设置 • 业务流程	• 信息化规划与企业战略的集成 • 信息化职能部门的设置与作用 • 业务流程的整合与规范化
安全环境	• 交易安全 • 设施安全 • 防护能力	• 整个交易安全状态 • 网络与信息安全设施的完整性 • 对病毒、黑客攻击与入侵的应对能力以及保护隐私的能力

表 5 - 5 中各个变量的测度及其含义如下：

（1）IS 资源

IS 资源指企业信息系统资源，主要反映企业当前所拥有的信息技术投资情况。本次研究从应用、投资、支出三个方面来测度 IS 资源。

①IS 应用。应用指企业信息系统应用状况，本次研究从企业开展的信息系统项目来观测信息系统应用，例如，办公自动化系统（OA），计算机辅助设计/计算机辅助制造/计算机辅助工艺设计（CAD/CAM/CAPP），物料需求计划（MRP/MRPⅡ），产品数据管理（PDM），人力资源管理（HRM），财务管理系统，库存管理系统，生产系统，销售管理系统，物流管理系统，进销存管理系统，管理信息系统/企业资源计划（MIS/ERP），客户关系管理（CRM），供应商关系管理（SRM），商务智能（BI），局域网等。

②IS 财力。投资指企业信息系统应用投资状况，本次研究使用已经或正在实施的 IS 项目的资金投入测度 IS 投资。

③支出。五年期间信息化投入指近五年期间企业在信息化方面的投资情况，用年均信息化资金投入来测度。

（2）计划投入

计划指企业潜在的信息系统资源，从计划的信息系统应用（计划应用）和相关投资预算（计划投资）两方面来观测。

①计划应用。计划应用与应用类同，用企业拟实施的信息系统项目总数来测度。

②计划投资。计划投资用企业为实施新的信息系统项目的计划资金投入来测度。

（3）人力资源

专业技能主要反映企业所拥有的信息技术方面的人力资源状

况，反映了企业所积累的知识和经验。采用 3 个变量测度人力资源：专业人力、专业技能、职员素质。

①专业人力。专业人力用企业专门从事信息化工作的人员数量来度量。

②专业技能。专业技能指企业 IT 技能培训方面的投入，依据企业当年 IT 培训人次进行评价。

③职员素质。职员素质根据从业人员收入分配情况进行评价。

（4）Web 功能

Web 功能用 Web 服务、Web 集成和 Web 信息三个变量观测。Web 信息与 Web 服务的测量，可通过对企业网站内容的详细分析，了解企业在产品与服务信息方面是否具有特定功能；而 Web 集成的测量，则需要调查企业电子商务系统前端、后端以及合作伙伴之间的集成程度。

①Web 服务。Web 服务从网站的 7 个方面加以衡量，包括用户服务电话、用户反馈/建议、技术支持、售后服务、免费服务（如 E-mail、对注册用户接待和存储）、在线社区特征（有无让用户交流经验的论坛，如 BBS 和聊天室）、多种语言支持，取值范围为 1~7。

②Web 集成。Web 集成从 6 个方面加以衡量，包括订单处理、远程服务、协同办公、网上支付、物流配送、销售自动化/采购自动化，均为 0~1 变量。取值范围为 0~6。

③Web 信息。Web 信息依据企业网站所提供的产品与服务信息的详细程度进行评价。

（5）组织规模

组织规模的常用维度可以是企业员工人数、资产总额、产值和销售额。本章研究主要考虑企业生产能力和投资的影响，故用企业年产值和净资产作为组织规模的度量。这里隐含的假定是，资产越大、生产能力越强的企业，越有能力扩展电子商务。

①生产能力。生产能力用企业年产值测度。

②资产。资产用企业净资产测度。

（6）领导支持

领导支持指企业高层管理是否支持电子商务应用，尤其是企业一把手的支持将对企业信电子商务同化产生重要影响。本次研究从领导组织和领导知识两方面观测企业高层管理支持情况。

①领导组织。领导组织指企业领导在电子商务发展所起的作用。领导对于能否成功推进企业电子商务发展发挥着巨大的影响作用，决定着电子商务同化程度。

②领导知识。领导知识是对企业领导在信息化/电子商务方面的相关知识与管理技能的评价。

（7）战略匹配

战略匹配从企业 IS 规划、机构设置和业务流程三方面进行观测。

①IS 规划。IS 规划是对企业信息化规划与企业战略集成程度的评价。

企业是否制定了信息化战略，是否提出了与企业战略一致的切实可行的信息化建设目标，是否规划了信息化建设总体方案，能否在总体方案基础上按照急需程度、难易程度分阶段、分步骤实施，技术和手段的选用是否恰当，高层管理是否参与规划，CIO 的角色和地位（IT 基础建设工作，或 IT 规划工作）等，是衡量信息化规划的主要方面。

②机构设置。机构设置是对企业信息化专业职能部门的设置情况及其作用的评价。

③业务流程。业务流程是对业务流程整合与规范化程度的评价。

（8）安全环境

安全环境从企业的交易安全、设施安全和防护能力三个方面进行评价。

①交易安全。交易安全是对企业整个交易安全状态的评价。

②设施安全。设施安全是对企业网络与信息安全设施的完善程度的评价。

③防护能力。防护能力是企业对病毒、黑客攻击与入侵的应对能力以及保护隐私能力的评价。

表 5 - 5 中所有的主观性变量，如领导支持、战略匹配和安全环境，均采用 7 点李克特（Likert）等级测度，要求调查对象从"极不同意"到"十分同意"打分。

5.5.2　数据收集

为了实证检验信息化与电子商务同化之间的理论关系，本书设计了调查问卷，于 2014 年对陕西省传统企业信息化与电子商务应用状况，通过电子邮件问卷调查、在线调查、电话访谈等方式实施调查，收集数据。

调查问卷主要包括以下方面：

①企业背景。企业背景主要包括企业名、行业类型、组织规模（资产、产值、销售额、营业收入、利润、职工人数）、企业联系信息。

②信息化状况。信息化状况主要包括企业 Internet 接入方式、在线交易、信息化职能部门情况、从业人员情况、企业网站、局域网、信息系统应用项目及相关投资、计划开展的信息系统项目

及资金预算情况。

③信息化管理与安全环境。信息化管理状况包括高层管理的支持情况，领导的相关知识与技能，信息化规划情况，职能部门的设置与作用，业务流程规整合与规范化状况；安全涉及企业网络与信息安全设施情况，企业网站和网络防护能力（对付病毒、黑客攻击与入侵以及保护隐私方面的能力）。

④业务流程与 Web 功能。业务流程指企业价值链上业务流程的电子化执行情况，具体见表 5－4，通过询问被调查人是否在这些活动中使用了电子商务技术进行评分，是则计 1 分，否则计 0 分。Web 功能考察企业用户服务支持、网络集成、产品与服务信息的详细程度三个方面，通过观测网站上是否有问卷上相应功能的栏目来进行评分，有则计 1 分，没有计 0 分。

为确保调查数据的准确性和有效性，调查目标针对陕西省西安、渭南、咸阳、兴平、宝鸡等地的传统企业，问卷要求由企业负责信息化建设的领导/高层主管填答，因为他们对企业总体状况有比较全面的了解，最有资格评价企业电子商务总体活动情况。

5.5.3 样本描述

本次调查收集企业有效问卷 156 份，具有一定代表性。

调查共收到 156 家有效的样本企业数据。从表 5－6 被调查者信息，可以看到回收的问卷中调查对象的 73% 来自企业领导、厂长、总工、IT 部门主管、行政主管，近 50% 为企业信息/技术主管，厂长/总工占 20%，规划主管也占近 20%，显示出数据的高质量和来源的可靠性。被调查者的头衔，中型企业有 CIO 和技术总监或 IT 经理，而小型企业有 IT 经理或企业主，反映出不同规模企业在 IT 管理职责的划分上有较大差异。

表 5 – 6   被调查者信息

被调查者	占比（%）
CEO，厂长，总工	20.5
CIO/技术总监	48.7
行政主管	3.8
财务主管	4.5
规划部主管	17.9
其他部门主管	4.6

5.5.3.1 企业分布

被调查企业分布在陕西省西安、咸阳、宝鸡、渭南等 11 个市区，涉及装备、石化、有色、电力、煤炭、医药、商贸等 16 个行业，具体见图 5 – 4。

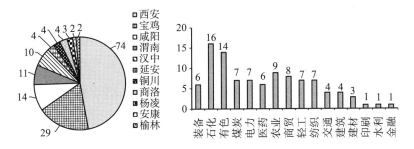

图 5 – 4 样本企业地区、行业分布（单位：企业个数）

从样本企业规模看，大型企业 33 家（列入 2002 年度国家统计局公布的全国 1588 家大型企业目录）、中型企业 100 家、小型企业 23 家（年产值低于 5000 万元）。

从样本企业性质看，国有及国有控股企业 117 家、股份制企业 27 家、民营企业 7 家、其他 5 家。

从行业类型看，装备、有色、煤炭、石化、电力等支柱行业的企业数占到 60%，其当年的固定资产净值、工业总产值、年销售收入分别占样本企业的 90%、91%、83%。

5.5.3.2　信息系统项目及信息化投资

从样本企业实施的信息系统项目看，研发生产类项目（如 CAD/CAM/CAPP/CAQ）120 多项，平均每个企业近 1 项；管理类项目（如 OA、HRM、物流管理、进销存管理）200 多项，平均每个企业 1.5 项；综合管理类项目（如 ERP、MIS、MRP/MRP Ⅱ、CRM、SCM）70 多项，平均每个企业不到 1 项；电子交易类项目（含网站）150 多项，平均每个企业 1 项。总体上绝大多数企业实施了信息化应用项目，主要集中在财务管理、OA、CAD、HRM 等简单信息系统项目。部分企业实施了综合性信息系统，如 ERP、MIS、MRP/MRPⅡ 等，但总体比例偏低。计算机辅助质量管理（CAQ）、客户关系管理（CRM）、供应链管理（SCM）等系统的应用尤为缺乏。大多数制造业企业内部在管理与研发制造的信息化方面存在"两张皮"的现象，影响了信息化整体效益的发挥。

从组织规模看，在被调查企业实施的信息系统项目中，大型企业的信息系统项目数远高于中小型企业，如表 5-7 所示。与小型企业比较，大型企业 OA 系统高出 0.44 项/家，财务系统高出 0.39 项/家，CAD 高出 0.35 项/家，ERP 高出 0.29 项/家；与中型企业比较，大型企业 ERP 高出 0.18 项/家，CAPP 高出 0.23 项/家。16% 的大型企业实施了 MRP/MRPⅡ，27% 的实施了 MIS，33% 的实施了 ERP，21% 的实施了物流管理，30% 的实施了 CAPP，15% 的实施了 PDM。以上指标均未接近 50%，说明企业应用深度不够，尤其综合性系统，如 ERP、CRM、SCM 等。

表 5 - 7　　　　　　　　企业已建信息系统项目情况　　　　　单位：项/家

项目	全部企业	大型企业	中型企业	小型企业
CAD	0.33	0.39	0.38	0.04
CAPP	0.11	0.30	0.07	
CAQ	0.04	0.12	0.03	
MRP	0.19	0.16	0.25	
PDM	0.11	0.15	0.12	
OA	0.47	0.61	0.48	0.17
HRM	0.3	0.39	0.3	0.09
MIS	0.18	0.27	0.17	0.09
ERP	0.17	0.33	0.15	0.04
CRM	0.04	0.09	0.03	
SCM	0.06	0.09	0.06	
财务管理	0.63	0.61	0.75	0.22
物流管理	0.13	0.21	0.11	0.04
进销存管理	0.2	0.21	0.23	0.04
电子交易	0.09	0.16	0.08	0.04

　　从行业类别分析，样本企业 IS 实施状况如表 5 - 8 所示，装备行业以 CAD、CAM 为应用主体，ERP、PDM、CAPP、CAQ 等较其他行业多，分别占全部项目的 50%、70%、65%、72%；电力系统以 OA、MIS、HRM 为主，医药行业以 ERP、物流等为主。企业共建成 ERP 系统 27 套、PDM 系统 17 套、MRP/MRPⅡ 30 套、MIS 系统 28 套、OA 系统 76 个、CRM18 套、SCM9 套、电子交易系统 14 套，企业越来越注重信息化与核心业务结合。95% 的大型企业和 60% 的中型企业已建成本企业局域网。近 90% 的企业建有网站。

表5－8   不同行业信息系统项目实施情况

	项目	总数	轻工	农业	石化	交通	装备	有色	煤炭	建筑	商贸	纺织	电力	医药	建材	其他
IS项目	网址	137	6	6	13	5	58	9	6	4	9	4	6	5	3	2
	CAD	52			5		34	3	3	2	1	1	1	1	1	
	CAM	18			2		15							1		
	CAPP	17			2		11	2	1					1		
	CAQ	7			1		5							1		
	MRP	30	2	1	2	1	15	2	1		1	3	1	1		
	PDM	17	1		3		12									
	HRM	48	2		8	3	19	2	2	1	2	2	4			1
	OA	76	3	4	9	2	30	4	4	3	4	3	6	2	2	1
	MIS	28	1		4	1	8	1			1		5	3	1	2
IS项目	ERP	27	2		3		13	3	2		1	1		2		
	CRM	8			1		3		1		1		1	1		
	SCM	9					5		1		1		1			
	财务管理	100	3	4	13	1	43	7	6	2	5	4	4	3	2	3
	物流管理	20			3		10	2	2		1			2		
	进销存管理	31		2	5		10	3	1		4	2	1	1		
	电子交易	18		1	3	1	5	1	2		3	1		1		
	局域网	107	6	4	11	3	48	8	6	3	5	2	6	3	1	3
企业数		156	7	9	16	4	61	14	7	4	8	7	7	6	3	3

样本企业的信息化投资，以中大型企业占主导地位。按企业生产规模统计，大型企业的信息化投资占调查企业总投资的近60%，每个企业平均分别比中型企业、小型企业高出1.5倍和75倍，见表5－9。

表5－9   企业信息化投资占比

企业分类		信息化投资占全部样本投资的比例	信息化投资占技术改革投资比例
全部企业		100%	6%
按企业生产规模分	大型	>59%	5%
	中型	40%	7%
	小型	<1%	6%

5.5.3.3　信息化职能部门

从调查情况看，企业信息化基础工作仍很薄弱。信息化职能部门复合型、高素质人才匮乏，其中高级技术职称占 17%，中级技术职称占 31%。从事过生产、销售、研发、管理等方面工作经历的人员较少，分别占 15%、6%、20%、15%，缺乏熟悉企业经营管理、项目管理与实施、信息资源规划与分析方面的人才。

信息化职能部门中高级职称人员情况见图 5 - 5。

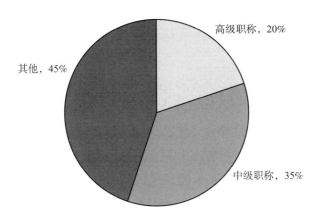

图 5 - 5　样本企业信息化部门中高级职称情况

信息化职能部门所从事的业务工作主要是日常的技术维护，较少涉及研究信息化战略和推进工作措施这类工作。图 5 - 6 的调查数据显示，信息资源开发利用有待加强、专业技术水平有待提高的企业分别占到近 5 成和 4 成。

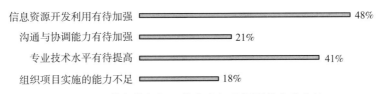

图 5 - 6　信息化部门工作存在相关问题的企业占比

5.5.4 数据预处理

5.5.4.1 异常值处理

如果样本数据最大值与最小值差距过大，如比值超过 100；或数据分布不均匀，且大多聚集在平均数以下；或分布满足正态分布，那些位于 3 个标准差之外数值点，通常就被认为是异常值。通常采用的下面方法对异常值进行处理。

取对数方法。如果各企业样本数据之间差别较大，可采用取对数进行评分的方法，以减少指标数据差别较大带来的影响，计算公式为：

$$Z_i = \frac{\lg X_i - \lg X_{\min}}{\lg X_{\max} - \lg X_{\min}} \times 满分值 \qquad (5-1)$$

其中，Z_i 为企业得分，X_i 为企业的实际数据值；$X_{\min}$ 为最小值；$X_{\max}$ 为最大值。

统一按最大值（或最小值）处理。对存在一些异常大或异常小数值的样本，可以首先依据大多数不异常数据进行确定最大最小值，然后对低于最小值的数值统一赋予最低分，对高于最大值的数值统一赋予最高分。这样做的理论依据是认为当某个指标达到一定阈值之后，它的边际效果将变得相对不显著。

5.5.4.2 遗漏数据的处理

处理遗漏数据在统计上是十分普遍的。通常遗漏数据有以下几种类型：

①随机完全遗漏：指完全不能识别完整数据样本与遗漏数据样本。

②随机丢失：遗漏数据样本不同于完整数据样本，但可从其他变量估计出。

③不可忽略：数据丢失模式不是随机的，且不能从其他变量中

预测。

　　研究中收集的数据并没有遗漏记录，只是遗漏了记录的个别观测值，属于上述第二种情况。有以下几种方法可以用来推测遗漏值：

　　①均值替换法：用已有样本计算相应均值代替遗漏值。

　　②回归和似然估计法：回归方法是对记录进行回归分析，用其他变量作为指标表示遗漏值变量以便估计遗漏值的方法。极大似然估计允许估计一个遗漏值，再将此值参与到回归分析中的方法。

　　③"最近邻"估计法：用最相似例子的相应值代替遗漏值。该方法的关键是识别最相似的例子。

　　信息化对电子商务同化影响研究用到上述"最邻近"估计法，该方法虽然存在主观分析，但仍然是普遍使用的一种方法。下面给出一个例子：

　　表 5-10 中，企业 1 与企业 2 有完整的数据，但企业 3 的第 4 个变量的值遗漏了。最近邻估计就是用企业 1 或企业 2 的值代替 x，取决于二者中哪个企业与企业 3 最相似。在此例中，$x=5$，取企业 2 的值，因为企业 2 与企业 3 在两个指标上有共同值，而企业 1 或企业 3 只有一个共同值。

　　"最近邻"估计法并不属于新兴方法，美国普查局、英国统计局都曾经用过这种方法。

表 5-10　　　　　　　　　　最近邻估计说明

企业	变量 1	变量 2	变量 3	变量 4
企业 1	4	1	2	3
企业 2	5	4	2	5
企业 3	3	4	2	x

5.5.4.3　数据标准化

一般标准化方法。将所有变量标准化成均值为 0、标准差为 1 的分布，常用以下公式：

$$A_{std} = \frac{A - \bar{A}}{\sigma_A} \qquad (5-2)$$

其中，A 是需要标准化的指标变量，$\bar{A}$ 是均值，σ_A 是标准差，按下式计算：

$$\sigma_A = \sqrt{\frac{n \sum x^2 - (\sum x)^2}{n(n-1)}} \qquad (5-3)$$

这种方法将所有变量转换成一个共同的尺度，但不假设分布的形状。标准化后的变量可以被加权求和。此方法在英国国家新经济指数（The State New Economy Index）中采用过，但有一处作了修改——给标准化后的分值 +6，以保证所有值均为正值。然而，这种方法意味着标准化后变量的实际取值范围是不可预测的，并且如果变量的标准差很小，它将会在指数中占有很大的份额。

排等级方法。英国的经济指数（Economist Index）采用排等级方法，将变量从小到大排序，然后给变量按五等级打分，将变量值划分五等份，按照其落入的 1/5 给其相应的等级分值。例如，英国统计局曾经对澳大利亚、加拿大、法国、德国、意大利、日本、瑞士、英国、美国 9 个国家进行国际电子商务测度研究，对这 9 个国家可以按其所处位次从 1~9 打分。这种方法很简单，但并不是最好的方法。排等级会丢失有关国家或地区之间差异程度的信息。

联合国的方法。联合国产生的各种指数，例如，人力发展指数（Human Development Index）和技术成就指数（Technological Achievement Index）采用一种比排等级法先进的方法，但它与排等级法一样能够反映出国家或地区所处的位次信息。联合国的方法采用以下公式：

$$score = \frac{actual - \min}{\max - \min} \left(\text{或 } score = \frac{\max - actual}{\max - \min} \right) \qquad (5-4)$$

其中，$score$ 是指标变量标准化后的值，$\max$ 和 $\min$ 分别是观测值中的最大值和最小值，因而，$score$ 值处于 ［0，1］区间内。

这种方法可以得到与排等级法同样的位次信息，但却比排等级法保留了更多观测值分布方面的信息，如图 5-7 所示。

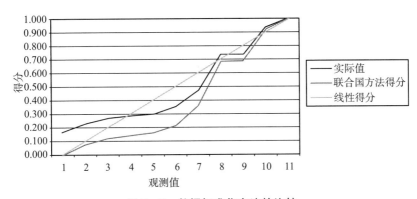

图 5-7　数据标准化方法的比较

图中，"实际值"在本例中是 0~1 之间的随机数；"线性得分"是按排等级法给定的与位次相关的 0~1 之间的线性分值；"联合国方法得分"是按联合国的方法给定的分值。可以看到，联合国的方法既能获得 0~1 分布，又能保留与位次相关的信息，反映分值的分布情况。这种方法标准化指标变量所依据的标准是分布的范围，而不是标准差，这意味着极端值可能会对最终指数产生较大的影响。这或许是一个潜在的问题，对实际出现的问题需要进行分析，客观地加以解决。

5.5.5　数据分析

数据分析包括两个阶段，首先评估量表质量，然后检验假设命题。

5.5.5.1 量表质量评估

信度和效度是衡量量表质量的两个重要方面，作为测量工具的多项量表，要进行信度分析与效度分析。

（1）信度分析

信度分析用于量表的可靠性或内在信度/内部一致性。内在信度指每一个量表是否测量单一概念，以及组成量表题项的内在一致性程度如何。通常用 Cronbach's α 系数检验。信息化对电子商务同化影响研究中，所有量表的 Cronbach's α 值均在 0.78 ~ 0.90 之间，如表 5 - 11 所示，表明量表内部各项主题区域差异性较小、同构性较高、量表可靠性高。

（2）效度分析

效度即有效性，指某一项与其所属量表中其他项之间的相关程度，其目的是识别基本量纲，即分析构成量表的各项是否有效。通常用因子分析方法来检验量表的有效性。

初始变量之间可能会存在着错综复杂的相关关系，这时就要求从其中提取几个少数的综合变量，既能够包含原变量提供的大部分信息，又能使这些综合变量彼此不相关。

因子分析是从变量群中提取共性因子的统计技术，其基本思想就是把联系比较紧密的几个变量归为一个类别，而使不同类别变量相关。因子分析能够把多个观测变量变成少数几个不相关的综合变量，是一种有效的降维分析方法。

这里因子分析采用特征根大于1、载荷大于 0.5 的标准，因子提取采用主成分分析法，因子旋转采用最大方差旋转法。本书共抽取了6个共性因子，可解释所有观测变量 78% 的变差，结果见表 5 - 11。

通过信度分析和效度分析，可得自变量/观测变量的构成，具体见表 5－11。相关分析说明如下：

①抽取 6 个共性因子，可解释所有观测项 78% 的变差；

②有 3 个观测项（支出、职员素质和领导知识）被剔出（剔除标准：其载荷小于 0.5 或同时在 2 个或多个因子上大于 0.5）；

③共性因子 2、4、5、6 分别对应于计划投入、组织规模、Web 功能、安全 4 个变量；

④两个技术特征（IS 资源、人力资源）的观测项大多对应于共性因子 1，考虑理论含义的合理性之后，把二者合并，命名为技术准备；

⑤两个组织特征（领导支持、战略匹配）的观测项均对应于共性因子 3，同理，二者合并，命名为高管支持。

表 5－11　　　　自变量/观测变量构成和统计分析结果

自变量构成/观测变量及其含义	因子载荷
技术准备　　　*Cronbach alph =0.89*	
专业人力（IR1）– IT 专业人员数	0.862
专业技能（IR2）– IT 培训人次	0.786
IS 资源（IR3）– 现有 IS 数，覆盖主要职能领域，包括 MIS/ERP、CRM、OA, financial mgt, inventory mgt, HRM、PDM、MRP/MRPII、CAD/CAM/CAPP、SRM、BI，等等	0.885
财力（IR4）– 现有 IS 支出	0.822
Web 功能　　　*Cronbach alpha =0.82*	
Web 信息（WF1）– 产品/服务信息的详细程度	0.865
Web 服务（WF2）– 网站提供的服务电话、反馈、技术支持、免费服务、售后服务、在线社区、多种语言	0.628
Web 集成（WF3）– 订单处理、远程服务、协同办公、网上支付、物流配送、销售/采购自动化	0.782
计划投入　　　*Cronbach alpha =0.81*	
计划应用（PI1）– 计划近期实施的 IS 应用项目数	0.784
计划投资（PI2）– 计划实施的 IS 应用投资预算	0.873

续表

自变量构成/观测变量及其含义	因子载荷
组织规模　*Cronbach alpha =0.78* 生产能力（OS1）- 年产值 资产（OS2）- 固定资产净值	 0.784 0.873
高管支持　*Cronbach alpha =0.86* 领导组织（ES1）- 参与组织与推动电子商务 IS 规划（ES2）- 信息化规划与企业战略集成 业务流程（ES3）- 业务流程的整合与优化 机构设置（ES4）- 信息化职能部门的设置与作用	 0.725 0.787 0.740 0.790
安全环境　*Cronbach alpha =0.90* 交易安全（SE1）- 交易安全情况 设施安全（SE2）- 网络与信息安全设施的完整性 防护能力（SE3）- 防御病毒、黑客攻击入侵以及保护隐私的能力	 0.897 0.876 0.906

5.5.5.2　假设检验

本书采用多元 Logistic 回归和 AMOS 结构方程建模两种方法来检验假设命题，以便识别电子商务扩散的关键因素及其贡献。

（1）Logistic 回归分析

本书因变量具有不同层级划分，这种情况下一般可采用多元 Logistic 回归进行假设检验。根据一组特定的自变量取值可以得到因变量的取值概率，同时可以比较各自变量对因变量取值的影响。

如果因变量 y 有 J 个值，以其中一个类别作为参考类别，其他类别都同它相比较可生成 $J-1$ 个非冗余的 Logit 变换模型。对于 y 的每一个取值，都有一个 Logit 模型，对应有一组系数。例如以 $y=J$ 作为参考类别（一般默认将因变量的最后一个值作为参考值），则对于 $y=i$，其 Logit 模型为：

$$g_i = \mathrm{Log} \frac{P(y=i)}{1-P(y=J)} = B_{i0} + B_{i1}X_1 + B_{i2}X_2 + \cdots + B_{ip}X_p \qquad (5-5)$$

式中 B_{i0} 为常数项；B_{i1} 到 B_{ip} 为 Logistic 模型的回归系数，是 Logistic 回归的参数估计值；X_1 到 X_P 是自变量。

由于概率要比概率的对数容易理解，故对上述方程（5 - 5）
进行变换：

$$\exp(g_i) = \frac{P(y=i)}{1-P(y=j)} = \exp(B_{i0} + B_{i1}X_1 + B_{i2}X_2 + \cdots + B_{ip}X_p)$$

$$(5-6)$$

因变量取值的概率 $P(Y_i)$ 可以按式（5 - 7）计算：

$$P(Y_i) = \frac{\exp(g_i)}{\sum_{k=1}^{J}\exp(g_k)} \qquad (5-7)$$

每个自变量在回归方程中的重要性，可以直接比较回归系数的
大小或概率值，系数越大或概率值越小，显著性越高，也就越
重要。

多元 Logistic 回归分析结果显示技术准备、Web 功能、安全环境
均达到显著性水平（$P<0.001$），说明如果剔除这些变量对模型的似
然比检验变化显著，即这些变量在模型中作用最为显著；高管支持
（$P=0.009$）达到显著性水平（$P<0.01$）；计划投入（$P=0.046$）的
显著性水平次之（$P<0.1$）；组织规模（$P=0.120$）作用不显著。

（2）AMOS 结构方程建模

结构方程建模（SEM）适于对复杂多维变量之间关系进行检
验，其分析的核心概念是变量的协方差，计算公式为：

$$COV(X, Y) = \sum(X-\overline{X})(Y-\overline{Y})/(N-1) = CP_{XY}/(N-1)$$

$$(5-8)$$

式中 $COV(X, Y)$ 为变量 X、Y 的协方差，N 是样本数，CP_{XY}
为变量间交叉乘积。

本书利用变量间的协方差矩阵进行路径分析观察自变量和因
变量间的关联。路径分析是一种研究多个变量之间因果关系及相
关强度的方法。它是由美国遗传学家赖特于 1921 年首创，后来

被引入社会学的研究中，被发展成为社会学的主要分析方法之
一。路径分析的主要目的是检验一个假定的因果模型的准确和可
靠程度，测量变量间因果关系的强度。分析结果显示 Web 功能、
技术准备、高管支持、安全环境和计划投入对电子商务同化的影
响均十分显著，路径系数都达到显著性水平（显著性指标 ***，
$p < 0.01$）且作用效果为正向，见图 5 - 8。

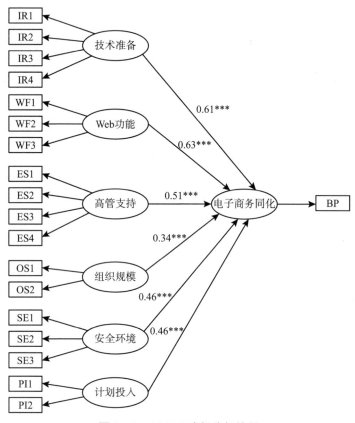

图 5 - 8 AMOS 路径分析结果

注：*** $p < 0.01$；$X^2 = 25.531$，$p = 0.043$；$NFI = 0.919$；$RFI = 0.886$；
$IFI = 0.965$；$TLI = 0.950$；$CFI = 0.964$；$RMSEA = 0.067$。

（3）Logistic 方法对比

两种方法的结果对比见图 5 – 9，支持假设 H1a、H1b、H1c、H3a、H3b、H4a 和 H4b，电子商务同化的关键因素贡献从大到小依次为 Web 功能、技术准备、安全环境、高管支持和计划投入；而拒绝假设 H2a，说明组织规模对电子商务同化的影响不够显著。

图 5 – 9　多元 Logistic 回归与结构方程建模假设检验结果

5.5.5.3　t 检验和单因素方差分析

本次研究试图考察国有及国有控股企业与其他性质企业在电子商务同化上有无显著差异，验证假设 H2b。

t 检验用于检验两个样本代表的总体均值是否相等，进而推断两个样本有无显著差异。

研究中采用 5% 显著性水平下的独立样本 t 检验进行验证。从表 5 – 12 独立样本 t 检验的结果看，方差齐性检验结果为 F = 0.413，其显著性概率 Sig. = 0.521，远大于 0.05。从而可以得出结论：方差差异不显著，即认为两个数据组变异数相等（同质）。因此在下面的 t 检验结果中应该选择 Equal variances assumed 行的 t = – 0.935 值。故得 p 值为 0.351≫0.05，且均值之差的 95% 置信区间包括 0，认为均值之差与 0 无显著差异，故国有及国有控股企业与其他企业性质的电子商务同化无显著差异，故拒绝假设 H2b，认为企业性质与电子商务同化不相关。

表 5-12 独立样本 t 检验的结果

		Levene's Test for Equality of Variances		t-test for Equality of Means						
		F	Sig.	t	df	Sig. (2-tailed)	Mean Difference	Std. Error Difference	95% Confidence Interval of the Difference	
									Lower	Upper
电子商务同化	Equal variances assumed	0.413	0.521	-0.935	154	0.351	-0.0274	0.02926	-0.0852	0.0304
	Equal variances not assumed			-0.979	70.8	0.331	-0.0274	0.02794	-0.0831	0.0282

对于行业类型与电子商务同化的关系问题，采用单因素方差分析（$P < 0.05$）进行检验。单因素方差分析结果显示：不同行业在电子商务扩展上存在显著区别，见图 5-10。故支持假设 H3c，认为行业类型与电子商务同化相关。

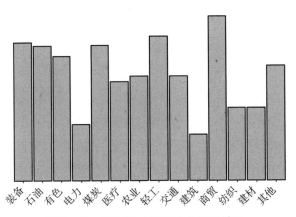

图 5-10 不同行业电子商务同化情况

　　根据以上的统计分析结果，得到研究假设命题的检验结果见表 5 - 13。

表 5 - 13　　　　　　　　　　假设命题的检验结果

理论		验证		结果
因素	命题	关键因素	命题	
IS 资源	H1a（+）	技术准备	H1a（+）	支持
人力资源	H1c（+）	（并入技术准备）		
计划投入	H1b（+）	计划投入	H1b（+）	支持
Web 功能	H1d（+）	Web 功能	H1d（+）	支持
组织规模	H2a（+）	组织规模	H2a（-）	不支持
领导支持	H4a（+）	高管支持	H4a（+）	支持
战略匹配	H4b（+）	（并入高管支持）		
安全环境	H3b（+）	安全环境	H3b（+）	支持
企业性质	H2b	企业性质	H2b	不支持
行业类型	H3c	行业类型	H3c	支持

5.5.6　讨论

　　本章基于创新同化理论、TOE 框架、制度理论、基于资源的观点与互补理论，以及 IT 与电子商务相关文献，提出并验证了一个信息化对电子商务同化影响的测度模型。研究结果总体上支持所提的模型，除了组织规模和企业性质两个因素外，其余因素均是解释电子商务同化的关键因素。研究结果表明企业在如下条件下会更大程度转向基于 Internet 的电子商务：①网站提供更多使客户和合作伙伴满意的 Web 功能；②投入更多相关 IS 和专业技能，积累更多经验；③领导更积极地参与策划和监控各项活动，信息化规划与企业战略更加一致，信息化部门更充分发挥作用，电子业务流程得到更好设计和优化；④更加关注安全与隐私；⑤有更多的 IS 投入预算，以保证新技术的获取和不断学习的过程。同时，这些因素的协同、互补作用会促使企业电子商务同化更加成功。

5.5.6.1　结果分析

从数据分析结果看，信息化实施中 Web 功能、技术准备、高管支持、安全环境和计划 IS 资源这 5 个因素是影响电子商务同化的关键因素。

研究结果建议和证实了以下一些观点：

①Web 功能越多的企业越会给客户和合作伙伴提供更好的服务，从而使得客户与合作伙伴越愿意进行网上交易（Hong et al.，2006），企业电子商务同化程度越来越高。

洪等（Hong et al.，2006）曾得出 Web 功能、技术集成是电子商务扩散的关键因素，其中 Web 功能指企业网站使用功能，技术集成指各种 IS 系统与 Internet 集成水平。本次研究中的 Web 功能涉及 Web 服务、Web 集成、Web 信息三方面内容。其中 Web 服务、Web 集成与洪等（Hong et al.，2006）研究中的 Web 功能、技术集成类似。研究发现样本企业在实施 Web 集成方面较弱，说明通过网站直接开展订单处理、远程服务、协同办公、网上支付、物流配送、销售/采购自动化活动的企业还不够多，因而 Web 集成的影响还未能发挥出来。

研究发现，企业开展业务活动的重点是信息发布，企业普遍通过网站或第三方平台对其产品/服务进行宣传，扩大市场的范围；10% 的企业网站有 BBS/聊天室这样的在线社区特征，与消费者/供应商的交流也成为企业信息化业务活动的一个主要功能；25% 企业网站有订单处理功能，直接开展网上采购/网上销售，这从一个侧面显示出中国企业电子商务同化程度不高，还有相当的发展空间。

研究发现，样本企业网站大多是门户网站，多是对企业的介绍，处于电子商务同化初级阶段。一半企业提供了详细的产品与服务信息，近 3 成企业从事网上采购和销售。

实证研究表明 Web 功能是影响企业电子商务同化的一个直接动因。

②企业对技术和知识投资越多，对新技术的吸收和利用越多（Schilling，1998）；IT 应用经验越丰富，越倾向于采用新技术，从而扩展电子商务应用；而不具备专业技能的企业可能意识不到新技术或不愿意冒风险去用。当企业投入更多相关 IS 资源，并且积累更多专业技能与经验，就会大大降低专业知识与技能方面的障碍，更有信心扩展电子商务。

首先，在生产和管理活动中应用 IT 越多的企业，越容易广泛采纳和应用信息化技术。企业 IT 采用的广泛程度直接影响到其电子商务同化的程度。马丁斯和坎比尔（Martins & Kambil，1999）在对以前 IT 的成功应用对企业管理者决定应用新技术的影响的实证研究中表明，过去的 IT 应用经验很重要，无论新技术与现有技术是否相似，企业过去采用 IT 的经历会影响到企业对新技术的采纳。

其次，企业采纳信息化技术并不断拓展其应用范围是一个学习过程，正如列斐伏尔等（Lefebvre et al.，2005）在对中小型制造企业 B2B 电子商务采纳路线的研究中指出：如果企业要开展更高一级的电子商务活动，必须吸收更复杂的技术，即不仅要通晓新技术，而且还要参与学习过程以便积累与更高一级的电子商务活动相关的知识和经验。席林（Schilling，1998）在研究技术成功与失败的经济与战略驱动因素时也指出：如果不对连续的学习过程进行投资，可能会导致企业产生技术"瓶颈"。因此，企业对学习过程的投资力度直接影响电子商务同化的程度。

最后，新技术的采用是有要求的。技术要求企业必须有相应人力、财力等资源支持。如果企业没有或不愿投入相应的资源，技术不会成为影响因素。研究发现，90%企业已经设立了信息化组织工作机构，反映了企业已经意识到在电子商务实施中投入资源。

③高层管理积极的态度会促进电子商务发展，CEO组织与参与信息化管理和电子商务发展进程密切相关（何哲军等，2009）；信息化规划与企业战略匹配对电子商务建设至关重要（Chan et al.，1997），且信息化职能部门的作用对电子商务同化也有重要影响；规范业务流程，使其符合电子商务应用是电子商务成功的一个途径（Kim et al.，2004）。

首先，管理因素是决定电子商务建设成败的关键。高层管理对电子商务的推动，是促进企业电子商务同化的基本动力；高层管理的支持，可以使电子商务建设中资源的持续投入得到保障，从而使信息化建设得以深入发展。正如文献提出：高层管理对信息化应用的态度会影响企业信息化开展的程度（马庆国和李艾，2004）。

其次，文献中许多研究认为信息化规划与企业规划的关系是企业信息化建设的关键（King et al.，1997），认为IT投资的回报率在一定程度上依赖于二者关系管理的有效性，企业规划、企业对IS规划的战略需求、CIO的作用都变得更加重要。

再次，哈默（Hammer，2002）、吉姆等（Kim et al.，2004）等认为业务流程变革十分重要，当商务模式发生重大变化时，业务流程的改变是通向成功的途径。清华大学的金占明（2004）认为，国内实施电子商务的效果与预期有一定差距，主要原因之一是业务流程与信息化之间的协调问题。

研究发现企业在实施电子商务时，应考虑如何规范业务流程甚至改变组织机构以适应电子商务的应用。按照要求规范业务流程，使企业电子商务成功实施并发挥作用的保证。

④安全程度越高，企业从电子商务获益越多，就越想参与更多

的电子商务活动。这支持了普华永道 1999 年开展的电子商务调查得出的结论——安全/隐私是企业使用电子商务的第三大障碍。

从研究结果看，安全是影响企业电子商务同化的一个关键因素，企业对安全支持程度越高，电子商务同化程度越高。这可以解释为安全程度越高，采用电子商务带来的收益越大，企业就越愿意开展更高层次的电子商务活动，其电子商务同化程度就越高。另外，如果企业网站缺乏安全隐患意识，不采取强有力的安全措施，会使用户不敢采用电子支付，担心他们的账户和密码被盗会造成巨大的经济损失，进而给企业电子商务同化带来负面影响。

⑤计划投入越多，企业越有潜力获取新技术和参与学习过程以进入电子商务的更高阶段（Fillis et al.，2004）；通过对持续不断的学习和技术开发的投资，能使企业吸收更多相关知识并且将新技术使用到更广更深的程度（Sadowski et al.，2002）；信息化应用相关硬件、软件、人力等预算越多，越能确保必要的资源用于企业电子商务的不断开发与扩展中（Hong et al.，2006）。

研究表明计划资源也是影响电子商务同化的一个关键因素。企业潜在的 IS 应用能力越强，潜在的 IS 投资越大，说明企业越有不断扩大电子商务的潜在能力和资源，也越能使这种投入和学习过程的不断线得以保障，从而对电子商务同化产生较大影响。

⑥研究发现组织规模对电子商务扩展影响不十分显著，与文献中一些研究结果不太一致。或许因为本书对组织规模的度量方法与以往不同，文献一般用员工人数观测组织规模，而本书用年产值和净资产作为其观测变量。

本次研究结果显示组织规模影响不十分显著，这表明组织规模虽对企业电子商务同化程度有正面影响，但并不一定起到决定性作用。组织规模越大，隐含资产越大、生产能力越强，资源越丰富。企业生产能力越强，资产净值越多，在电子商务实施过程中越有能力投入更多，就越有能力扩展电子商务。所以，资产多和生产能力强可能会对电子商务投资产生影响，但却不能证实规模小的企业电子商务同化程度就一定比规模大的企业低。

研究发现虽然中小型企业信息化投资同大型企业不能相比，但相对技术改革投资的比例（中小型企业分别为7%与6%）却不比大型企业（5%）少，表明样本企业不论规模大小，对信息化投资的重视程度都一样。

⑦行业差异影响着企业电子商务同化，但企业性质与电子商务同化无关，这些结果与文献研究结果一致。

5.5.6.2 启示

（1）对管理者的启示

研究结果对希望开展电子商务的管理者有重要启示。文献发现企业关心未来要开展的电子商务活动，且管理人员主要关心的是未来使用电子商务的战略计划。研究结果有助于管理者更好地理解电子商务成功的驱动因素，为其确定向电子商务更高阶段过渡的有利政策和适当条件提供量化依据。

首先，该研究为管理者提供了一个有用框架来评估技术条件。研究结果建议：企业必须充分重视其信息化技术资源建设以获取一定的技术条件和准备，应培育其人力资源和相关知识与技能，在开发技术能力和条件上付出更多的努力，通过培训计划将电子商务融入职能活动中。具有IT能力和条件优势的企业更易于集成和利用电子商务。

其次，管理者需要评估电子商务与某些组织特征的适应性。成功的技术准备依靠必要的组织能力。这促使高层领导必须优先考虑信息化战略规划、结构转换和业务流程再造，并且积极主动参

与。随着企业转向更高阶段电子商务，管理者可以将战略重点从
IT 资源转到组织能力上，即通过提高自身信息化管理能力来补充
现有 IT 资源。

再次，研究结果建议管理者应该注重企业内部环境的建设。企
业应该建立一个安全的、有助于响应市场变化、具备完善服务的
内部功能环境。改善 Web 功能与安全，会有更多价值链上的伙伴
愿意进行电子协作与网上交易，最终增强与贸易伙伴的在线集成。
相应地，企业会更积极地转向更高阶段的电子商务。

最后，研究结果强调成功的电子商务源于所有因素的互补作
用。该研究发现组织规模不是关键因素，这个结果说明：各因素
的互补效应使得组织规模对电子商务不产生关键影响，表明企业
可以通过其他方面努力补充其某方面欠缺以获取潜在收益。

（2）对研究者的启示

研究结果对研究者也有重要启示。文献大多认为电子商务是由
一些阶段组成，例如，应用（不应用，潜在应用，应用），进入时
间（先驱，早期应用，早期大多数，晚期大多数，落后）；少数主
张采用经济指标测度电子商务扩散，如网上收入/网上销售额/网上
采购额所占比率。本章的研究则提出一个新视角：从两化融合出
发，应用业务流程观点测度电子商务同化，认为电子商务是一个
从简单到复杂逐步集成技术到价值链上业务流程的过程。这更充
分地反映了电子商务实施的本质。

研究结果还对未来研究提供基础与动力。该研究在测度模型的
设计上参考了创新扩散文献并集成了各种观点，在因素选取与度
量方法上与文献不尽相同，相同变量可能有不同的含义，且实证
检验采用了传统统计技术。未来研究可以建立在此研究基础之上，
通过纳入其他潜在因素扩展测度模型，也可进一步测度对企业其

他行为变化和绩效的影响。此外，在相同因素或新因素上探索其他数学分析方法的对比应用也是十分必要的。

5.6　本章小结

本章在借鉴吸收前人研究成果的基础上，结合陕西信息化发展现状，对陕西省传统企业电子商务同化问题进行了详细深入的分析和探讨。

（1）研究的工作内容

①电子商务同化的定义与测量方法。本章研究从创新同化视角研究电子商务。创新同化通常指"创新在组织活动与流程中扩散和常规化的程度"，本章的研究将电子商务视为一种创新，基于创新同化视角，将电子商务同化界定为：创新总体在企业活动与流程中扩散与常规化的程度。

②电子商务同化的测量方法。本章研究基于流程观观测电子商务同化。流程观"把技术对业务流程的影响作为出发点和分析单元"，故本书把受到 Internet 及相关技术影响的业务流程作为研究电子商务同化的出发点和分析单元，认为电子商务同化是 Internet 及相关技术与价值链上业务流程不断而深入融合的一个过程，具体就是从企业价值链上哪些业务流程是电子化实行的这个角度来度量电子商务同化程度，提出一种新的研究途径与方法。

③电子商务同化基本规律。基于创新同化理论、TOE 框架、制度理论、基于资源的观点与互补理论，以及信息技术与电子商务相关文献，分析企业层面电子商务同化的相关概念、理论视角、基本特征，以及创新同化机理的代表性观点与业务流程观点，为构建信息化对电子商务同化影响测度模型奠定理论基础。

④信息化测评指标体系和信息化对电子商务同化影响的测度模型。

构建一个以综合分析为向导、充分体现企业电子商务实质的信息化测评指标体系和信息化影响测度模型，充分揭示企业实施信息化过程中在资源配置（信息技术、人力、投资）、战略规划、管理创新、业务流程变革、内部环境建设等方面的具体途径及其解决方案。

⑤电子商务同化的关键信息化因素及其贡献。本章研究采用实证研究法，对提出的测度模型设计假设命题、测量问项及数据收集方式，调查收集代表性企业，收集数据并利用统计分析验证模型，确定电子商务同化的关键因素及其贡献。

（2）研究的主要贡献

①验证了创新扩散框架对复杂创新适应性的价值，并支持观点：创新扩散的关键影响因素根据创新类型的不同而不同。本章研究中测度模型的特点在于：技术特征文献未考察过——基于人、财、物信息化资源视角测度技术特征，作者认为这样更能够反映和量化技术创新；组织特征重点考察信息化领导层与战略管理以及企业资金规模的影响；环境特征与文献（大多考察企业外部环境因素的影响）不同，侧重于考察企业内部环境建设的影响。

②对创新应用与扩散研究做出贡献：从两化融合出发，将业务流程的观点扩展到信息化实施——电子商务同化。据作者所知，本章的信息化对电子商务同化影响研究首次基于业务流程视角测度两化融合下的信息化实施，运用价值链上业务流程的电子化实施程度来测度电子商务同化。

③对决策过程有贡献：一方面，研究结果对制定未来信息化/电子商务战略规划提供参考，有助于企业更好地集成先进技术到传统价值链活动中以获取更大收益和竞争优势；另一方面，为政府信息化统计监测体系的建立和政府两化融合的宏观调控提供企业层面测度的参考依据，为政府相关决策提供支撑。

第6章 信息化对企业绩效的影响

　　本章阐述信息化对企业绩效影响的相关问题，包括：①研究问题的背景，提出研究目标，明确研究内容和结构，归纳研究意义和创新点；②信息化对企业绩效影响的理论基础，界定电子商务同化程度、信息化水平、企业绩效等概念，总结信息技术/电子商务扩散及价值创造的相关理论（TOE框架、创新扩散理论、RBV理论），分析国内外相关研究文献；③信息化—电子商务同化程度—企业绩效的测度模型，首先提出电子商务同化的阶段模型，然后确定信息化影响因素及观测变量，确定企业绩效的测量方法，提出以电子商务同化程度为中介的信息化对企业绩效影响的测度模型；④数据分析与模型验证，依据测度模型提出相关假设命题，说明变量的测量方法，结合调查数据，运用结构方程建模方法检验电子商务同化不同阶段的信息化关键因素影响的一致性问题，以及对企业绩效的影响，对研究结果进行讨论。

6.1 引　　言

　　信息技术，特别是互联网，正在显著地改变着这个世界。互联网的开放性和标准化推动着企业信息技术和业务流程的融合。创新的信息技术被广泛地应用于企业去提升企业的运营效率、提供定制服务、创造新的业务模式来获得竞争优势。而由于企业中信息技术的应用，企业环境和运营也正面临着高强度的竞争和快速的改变。随着互联网和相关技术的普及，顾客的动态需求和市场竞争也变得越来越严峻。而另一方面，越来越多的企业也在探索由新兴技术带来的机会以提高企业的敏捷性和灵活度来适应这个不断变化的外部环境。特别是，电子商务为企业提供了利用互联网和现代信息技术改变业务操作的途径。

6.1.1　研究背景

信息化正在推动经济发展，给社会带来巨大效益，给企业带来机遇的同时，也面临着诸多问题，从政府角度考虑，如何快速实现经济转型，适应日新月异的国际竞争环境，成为政策制定者需要重点关心的问题；从企业角度考虑，由于企业中信息技术的应用，企业环境和运营正面临着高强度的竞争和快速的改变，顾客的动态需求和市场竞争也变得越来越严峻。于是，中国的信息化发展也进一步确定了电子商务的战略地位，电子商务相关法律的制定为电子商务的发展提供了有效的法律保障，各地区和部门也相继出台政策，加大对电子商务的扶持和监管。

随着网络技术的快速发展和相关沟通成本的减少，越来越多的企业也在探索由现代信息技术带来的机会以提高企业的敏捷性和灵活度来适应这个不断变化的外部环境，企业开始纷纷建设基于网络的数字平台，以期能提高企业的运营效率和竞争优势。事实上，许多企业已经意识到电子商务可能会给企业带来的潜在收益，不仅包括成本的降低和运营绩效的提升，还包括增强企业的竞争战略和创新的能力。电子商务在当代企业中业务改革与创新方面扮演了重要的角色，因此越来越多的企业对电子商务已经扩大了信息化投资。

IDC（Internet Data Center，互联网数据中心）白皮书中指出，中国的电子商务发展从 1995 年萌芽以来，大致经历了四个阶段：

第一阶段，启蒙阶段，在这个阶段，我国的电子商务主要是对国外电子商务的商业模式、技术手段等进行模仿，在国内掀起了一股互联网和电子商务的潮流；第二阶段，个人网商成长阶段，在这个阶段，国内的电子商务在模仿国外电子商务模式之余，开始了自主创新，如支付宝的货到付款方式等，中国式创新为中国的电子商务高速发展拉开了序幕；第三阶段，平台扩张形成产业潮流阶段，在这个阶段，电子商务的平台得到了迅速的扩张，从而推动了电子商务基础设施的快速发展，电子商务出现了百花齐放的局面，电子商务也开始有了庞大的社会效应；第四阶段，电子商务生态大发展阶段，在这一阶段，随着电子商务用户的快速增长，线上业务与线下业务的融合，以及移动互联和云计算等新技术新模式的纵深应用，电子商务将渗入社会的每一个角落，无所不在；而伴随着电子商务成长起来的"草根"网商和中小企业，也将随着外部环境和客户、市场的成熟而成熟，电子商务生态系统得以不断丰富和完善，这是中国电子商务未来发展的目标与方向。

中国电子商务经过多年的发展取得了骄人的成绩。电子商务的应用范围越来越广，在新技术和模式创新的驱动，电子商务深入到国民经济的各个领域，不仅与传统产业融合发展，使传统零售商向互联网转型，也在互联网金融、移动网购方面高速发展。

中国政府通过引导、加大政策力度和不断完善配套制度，为电子商务积极营造良好的发展环境，大力促进电子商务持续保持快速发展，把电子商务打造成增长关键动力。

2016年3月商务部印发《2016年电子商务和信息化工作要点》，从4个方面确定了18项重点任务：一是加强规划引领，推进制度建设，要做好"十三五"电子商务发展规划，推进电子商务立法和电子商务信用体系建设，积极参与电子商务国际规则制

订；二是突出重点领域，加快创新发展，要深入实施"互联网 +
流通"行动计划，加快电子商务进农村、进社区，推进跨境电子
商务发展，加强电子商务人才培养；三是健全示范体系，推广典
型经验，要深入推进示范基地创建工作，推广示范企业典型经验，
推进电子商务与物流配送协同发展试点；四是创新方式方法，提
高行政效能。要开展商务大数据试点工作，完善电子商务统计监
测体系，推进电子政务资源整合，启动中国国际电子商务博览会
筹备工作，优化公共商务信息服务，切实保障网络信息安全。

"十二五"期间，中国电子商务交易规模从 2011 年的 6 万亿
元增至 2015 年的 21.8 万亿元，已经成为全球规模最大、发展速度
最快的电子商务市场。"十二五"末，网络零售在社会消费品零售
额中的占比超过 10%，增速在 20% 以上，全国开展在线销售的企
业比例增至 32.6%，电子商务相关从业人员近 3000 万。

2016 年 12 月，商务部、中央网信办、发展改革委三部门联合
发布《电子商务"十三五"发展规划》，提出了电子商务发展的五
大主要任务、17 项专项行动和六条保障措施，确立了到 2020 年电
子商务交易额 40 万亿元、网络零售总额 10 万亿元和相关从业者
5000 万人三个发展指标。

随着政府的重视和企业加深电子商务的应用，电子商务技术得
到了极大的发展；因而，研究电子商务的扩散及其影响具有重要
意义。许多调查研究发现技术创新是行业生产力提高的首要促进
因素。为了了解信息化通过电子商务产生的企业价值，企业层面
的电子商务应用成为人们关注的一个焦点。已经有许多传统企业
电子商务应用成功的案例，例如沃尔玛、戴尔、通用电气等世界
500 强企业，以及伴随信息网络而出现的企业，例如阿里巴巴、亚
马逊、易趣等，均显示出了电子商务在提高顾客服务、使内部运

营合理化和提升公司间合作方面的潜力。目前政府和企业都想了解的一个至关重要的问题：企业是否能够成功地实施信息化，真正把电子商务投资转换成实际收益。

然而，创新传播的过程并不是那么顺畅。许多企业在开始实施信息化应用电子商务后却很难将应用进一步深化。在创新应用方面的许多研究都表明创新必须是完整的或者在它能够产生企业价值之前应该能够和企业的价值链相融合。由于电子商务涉及到企业运营效率和竞争能力的提高从而保证企业可以长期生存，故电子商务扩散及价值创造研究成为信息系统领域的一个研究热点。

根据前人的相关研究，电子商务扩散过程被认为是从企业初期决定采用电子商务而对电子商务进行评估的阶段开始，到它的正式采用与实施阶段，以及一直到后期的常规化应用阶段（这一阶段电子商务成为企业价值链活动中不可分割的一部分）的整个过程。电子商务同化程度的概念与电子商务扩散程度不同，电子商务同化程度不是从电子商务的初期决定采用阶段开始研究分析，而是从企业已经采用电子商务后的应用阶段开始分析。以前的许多文献都研究了电子商务的扩散，但是大部分现存的研究都是聚焦于电子商务扩散或应用的某一方面或某一阶段，比如一次的采用决定，而对于电子商务同化程度的阶段性以及各个阶段的前因后果却知之甚少。因此，开展信息化实施对电子商务同化不同阶段的影响研究，以及电子商务同化不同阶段对企业绩效的影响研究，从电子商务同化程度分析信息化对价值创造的作用机理，是十分重要的研究课题。

6.1.2 研究意义

在新的经济环境下，电子商务是一种网络化的、新型的经济活动。无论从电子商务发展方向上看，还是从其带来的效益来看，电子商务对提高企业价值与竞争力而言具有不可争议的战略性意义，这些意义表现在降低企业的生产成本、提升企业的运营效率、拓展外部市场和创新经营模式，对于优化产业结构、支撑战略性新兴产业的发展和形成企业新的经济增长点也具有重要的意义。

本章研究具有重要的学术价值：

首先，研究提出一种新的信息技术价值创造的研究视角。本章提出电子商务同化程度的概念，根据创新扩散理论和阶段模型，将电子商务同化过程划分为若干个阶段，从电子商务同化阶段这一中间变量来分析信息化对企业绩效的影响，对信息技术创新价值创造研究而言是一个新的研究视角。

其次，研究丰富了信息化/电子商务价值创造的理论机理。学术界对电子商务同化程度及其前因后果的研究较少，针对组织层面的电子商务同化程度的影响因素及其作用的理论和实证研究更少，本章信息化对企业绩效影响研究建立在已有研究成果的基础上，根据电子商务扩散过程的特点，提出电子商务同化程度的阶段划分方法以及电子商务同化程度前因后果的研究模型，并通过实证加以验证，丰富了信息技术创新价值创造的理论机理。

本章研究具有实践意义：

一方面，对企业而言，尤其是中小企业，了解信息化对电子商务同化过程的影响进而对企业绩效的影响，对企业信息化实施和规划的持续和改善具有重要的引导和实践价值，企业管理人员可以了解企业信息化实施和电子商务所处的阶段，通过改变影响该阶段的信息化实施的关键因素来提升企业电子商务同化程度进而对企业绩效产生影响。这对于企业在电子商务的不同阶段最优化资源配置，最大限度地提高企业绩效有重要的意义。

另一方面，对政府而言，了解信息化实施对电子商务同化过程的影响进而对企业绩效的贡献，为政府制定信息化相关政策和提供政策性引导提供参考，为政府进行宏观监控制进一步加深两化融合以提高企业信息化收益和促进宏观经济运行质量提供量化依据。

6.1.3 研究目的

在不确定性增加和激烈竞争的环境下，企业需要变得更加灵活以适应环境的改变。适应环境改变的能力对于企业生存和成功是至关重要的。为了从互联网和相关技术中获得价值，电子商务成为一个战略性的武器，它通过使企业重新设计它们的资源、过程和活动，使企业获得了一种适应环境的能力。

目前，电子商务正在使企业发生变革。在电子商务引发的这场变革风潮中，中小企业的变化尤为显著，一些企业因为电子商务的介入而改变了组织结构和运作方式，提高了生产效率，降低了生产成本，最终提升了集约化管理程度，得以实现高效经营。但是，信息化实施是否会对企业绩效产生真实的影响；随着企业信息化应用水平的加深，对企业绩效的影响是否发生改变；影响的作用是怎样的，这些问题需要进一步考察和研究。

信息化对企业绩效影响研究的目的在于：分析电子商务同化程度在信息技术价值创造中的中间作用，研究信息化对企业绩效影响的理论机理，具体为：（1）识别反映企业电子商务同化程度的阶段及信息化对电子商务同化的关键因素，分析电子商务同化不同阶段的关键因素是否相同，所起作用是否一样；（2）分析电子商务同化不同阶段对企业绩效的影响，进一步了解信息化因素在电子商务同化不同阶段对企业绩效的影响和作用。

6.1.4　研究方法与主要内容

6.1.4.1　研究方法

本章采用理论与实证相结合的方法，研究分析企业所处电子商务同化阶段、信息化关键影响因素对企业处于电子商务同化不同阶段的不同影响，以及电子商务同化不同阶段对企业绩效的影响。具体研究方法如下：

（1）文献研究法

针对 IT 创新扩散与价值创造文献，分析代表性研究中电子商务同化程度、信息化水平、信息化影响、组织绩效等概念，总结相关定义、术语及测量方法；然后，对相关研究理论和研究框架、国内外相关研究特点进行分析总结。

（2）分析与归纳法

分析相关研究中 IT 创新扩散与电子商务同化过程的阶段模型，确定信息化对企业绩效影响的前因后果及测度方法，基于因果关系建立与验证所提出的以电子商务同化程度为中介的信息化对企业绩效影响的测度模型。此外，通过对电子商务同化不同阶段的前因与后果的分析与讨论，说明电子商务同化不同阶段的关键因素及其贡献以及电子商务同化不同阶段对企业绩效的影响，以阐明信息化对绩效影响的机理。

（3）调查研究和实证研究法

收集具有代表性的企业样本数据，采用统计分析方法进行数据分析，确定样本企业电子商务同化所处阶段，在此基础上实证验证所提出的测度模型。

本章的数据分析主要是在 SPSS 及 AMOS 统计分析软件环境下进行。

6.1.4.2. 主要内容

本章共分为六节内容：

第6.1节，引言。信息化对企业绩效影响的研究背景、研究意义、研究目的以及研究方法和主要内容。

第6.2节，理论基础。对电子商务同化程度、信息化水平、信息化影响、组织绩效等概念进行定义和界定；对前人研究的理论基础进行梳理，包括TOE框架、创新扩散理论、RBV理论和生产率悖论；对国内外相关的研究进行分析总结。

第6.3节，研究模型。提出电子商务同化程度的阶段模型；确定信息化影响因素及观测变量；确定企业绩效的测量方法；提出以电子商务同化程度为中间变量的信息化对绩效影响的测度模型。

第6.4节，研究设计。数据收集与分析方法。

第6.5节，数据分析与结果。

第6.6节，本章小结。

6.2 理 论 基 础

6.2.1 基本概念

（1）电子商务同化程度

企业的电子商务同化程度，是指企业在电子商务采用后电子商务发展的程度或阶段。从另一个角度来看，电子商务同化程度就是企业电子商务应用程度的量化指标，用于衡量企业电子商务发展水平或所处的位置。

本章采用电子商务同化程度这一概念，旨在从两化融合出发，基于信息化与业务流程融合视角研究企业电子商务应用程度，以便进一步分析电子商务在信息化价值创造中所起的作用。

电子商务同化程度的概念与电子商务扩散程度不同，电子商务同化程度不是从电子商务的初期决定采用阶段开始分析，而是从企业已经采用电子商务后的应用阶段开始分析。以前的许多文献都研究了电子商务的扩散，但是大部分现存的研究都是侧重于电子商务扩散或应用的某一方面或某一阶段，比如一次的采用决定，而对于电子商务同化程度的阶段性以及各个阶段的前因后果却知之甚少。本章的内容聚集于电子商务采用后的应用阶段，研究反映电子商务同化程度的阶段划分方法，分析信息化实施对电子商务同化不同阶段的影响，以及电子商务同化不同阶段对企业绩效的影响。本章的研究目的在于通过企业电子商务同化程度研究信息化对企业绩效的影响，分析电子商务同化程度在信息化对企业绩效影响中的中介作用，以丰富学术界信息技术价值创造的理论机理。

（2）企业信息化水平

企业信息化主要包括企业生产、经营服务与管理活动的信息化，它是指信息技术的广泛应用，信息网络的建设，信息资源的开发和利用；实现人力、物力与物质资源的优化配置；信息流、资金流、物流、业务工作流的融合与统一；促进传统经济向信息经济的过渡，提高企业的经济效益，产值利润中的信息含量、比重及贡献率；提高职工信息意识及文化素质。企业信息化是指信息在企业各种活动的导向作用与信息技术作用不断增强的过程，能极大地提高生产自动化、管理现代化、决策科学化的水平，提高企业经济效益，缩短企业产品研制生产周期及上市时间，提高产品质量，降低成本，优化服务，提升企业的市场竞争力。

企业信息化水平的测度是对企业信息化发展程度进行度量，以便更好地实施信息化建设。企业信息化水平的测度主要包括：信息技术的应用水平；信息资源开发与利用水平；IT 硬软件配备情况；企业信息化人才队伍状况；信息技术投资与管理等。企业信息化水平测度是从企业引进信息技术的目的出发，考察信息技术的引进在企业经营和管理的作用与影响。企业信息化的关键就是管理的信息化，企业信息化的水平从本质上讲是企业管理水平的具体体现。

（3）信息化影响

这里的信息化影响指 IS 研究领域中经济影响（economic impact），即价值（Kohli & Grover，2008）。对于价值，IS 文献提供了各种各样的概念和语义，有的研究使用价值（value 或 worth）、收益（benefit）、后果（outcome）的概念，也有研究直接使用组织绩效（organizational performance）（Melville et al.，2004）。

术语的多样性不仅反映出概念的不一致，也反映出对如何考察经济影响的不同理解。例如，大部分实证研究采用计量经济学方法来分析 IS 投资与经济变量之间的关系，如生产率（productivity）（Brynjolfsson & Hitt，1996），销售收益（Return on Sales）（Bharadwaj，2000），托宾的 Q（Tobin's q）（Brynjolfsson & Yang，1999）；一些研究则强调 IS 投资不仅影响了财务与非财务指标，还影响了无形资产（Kohli & Grover，2008）。

从 IS 文献看，考察经济影响可从不同层面进行，可分为个人层面、企业层面、行业层面和经济层面（Kauffman & Weill，1989；Brynjolfsson & Yang，1996；Devaraj & Kohli，2003；Chau et al.，1997）。此外，也有研究分析消费者盈余（consumer surplus）（Brynjolfsson，1996；Devaraj & Kohli，2003），这个指标与层面无关。

科利和格罗弗（Kohli & Grover，2008）曾强调，IS 价值研究具有"事前"与"事后"特性，事前研究与做决策密切相关，而事后研究则致力于控制过去开支，这类研究包括两个研究分支。

（4）组织绩效

组织绩效通常被用来度量 IS 的商业价值或经济影响，这在 IS 研究领域已取得广泛共识。

组织绩效分为过程绩效和企业绩效。过程绩效强调根据外部环境实现企业目标，例如，获得某种竞争优势。过程绩效通常与特定的业务流程下运作效率的改善有关，例如，设计流程质量的提高以及库存管理流程周期的缩短，具体指标包括即时交货率、客户满意以及库存周转率。企业绩效立足于企业内部，研究人员分析过各种各样的经济指标来对其进行测度与评价，如生产率（productivity）（Brynjolfsson & Hitt，2000）、生产效率（production efficiency）（Thatcher & Oliver，2001）、利润率（profit ratios）（Weill 1992；Barua et al.，1995），以及面向市场的度量（market – oriented measures）（Bharadwaj et al.，2000；Brynjolfsson & Yang，1999）。

6.2.2　信息技术扩散与价值创造理论

（1）TOE 框架

为了研究一般技术创新的采用，托奈茨基和弗莱舍（Tornatzky & Fleischer，1990）提出了 TOE 框架，该框架识别在企业背景下影响企业采用和实施技术创新的三个方面：技术背景、组织背景和环境背景。技术背景描述了和企业相关的内部和外部的技术，包括企业内部现存的技术和市场上所有可行的技术。组织背景有代表性地定义了一些描述性指标：组织规模；企业管理结构的集中化、形式化和复杂性；人力资源的质量；企业内部可用的松弛资源的数量。环境背景是指企业开展其业务的舞台——它的行业、竞争者、由他人提供的资源的通道、和政府协商。

（2）创新扩散理论

罗杰斯（Rogers）识别了三类影响电子商务采用的预测指标：领导者特征（对于改变领导者的态度），组织内部特征（集中化、复杂性、形式化、互联性、组织松弛度和规模），和组织外部特征（系统开放性）。另外，他强调了技术特征对潜在采用者的影响（创新的属性）。因为领导者特征可以被看做是特殊的组织内部特征，罗杰斯的理论性分析（技术特征、组织的内部和外部特征）和 TOE 框架是一致的。

（3）基于资源的观点

增强电子商务价值理论性基础的一个潜在的框架就是基于资源的观点。这个理论把企业绩效和组织的资源和能力联系了起来。企业通过整合资源使它们协作形成组织能力的方式创造效益优势。为了创造持续性优势，这些资源，或者是整合型的资源，应该是有经济价值的、相对稀有的、难以模仿的，或在企业间是不完全移动的。在战略性管理文献中，RBV 被广泛地接受。

（4）生产率悖论

一些早期的研究发现 IT 投资与企业绩效之间关系不明显。例如，1975 年，卢卡斯（Lucas）研究了加利福尼亚银行 65 家分支机构的计算机投资和企业绩效之间的关系，发现信息系统投资不能解释大部分的绩效差异，发现信息系统投资和公司绩效之间的联系微弱。科恩和索博尔（Cron & Sobol，1983）调查了 138 家公司，发现大量使用计算机的公司绩效有的很好，而有的却很差。斯特拉斯曼（Strassmann，1985）研究了美国服务业的部分公司，发现 IT 投资和高绩效之间没有显著的关系。摩根斯坦利的经济学家罗奇（Roach，1989）运用美国商务部的数据，研究了从 20 世纪 50 年代至 80 年代美国服务业的计算机应用和生产率增长情况，发现 IT 投资对服务部门生产率的促进作用微乎其微。1987 年，美国著名经济学家、诺贝尔经济学奖得主罗伯特·索洛（Robert Solow）总结："除了在生产率统计方面之外，计算机无处不在。"于是，学术界把 IT 投资和生产率提高或公司绩效改善之间缺乏显著联系的现象称为"生产率悖论"。

6.2.3　电子商务扩散研究

6.2.3.1　静态视角的电子商务扩散研究

拉哈宇和戴（Rahayu & Day，2015）基于 TOE 框架建立企业电子商务采用模型，依据 292 家印度尼西亚中小企业样本数据，运用统计分析方法对技术因素、组织因素、环境因素和个人因素与企业电子商务采用之间的关系进行分析，发现中小企业电子商务采用受到一些因素的影响，如可感知的收益、技术准备以及领导创新意识、领导的 IT 经验和领导的技术能力。

陈和麦奎因（Chen & McQueen，2008）调查了在新西兰的跨文化的中国小型企业的电子商务水平。研究发现这些小型企业的中国管理者有着高的权力距离，他们对电子商务技术的态度直接影响着他们企业的电子商务的发展进程。企业电子商务采用的水平越高，越要求管理者对电子商务有着积极的态度、更高的创新性和热情、更高的技术精通水平。

阿拉姆等（Alam et al.，2007）调查了 194 家马来西亚的制造企业电子商务采用情况，应用罗杰斯（Rogers）的创新扩散理论，采用统计分析方法分析电子商务采用的影响因素。结果显示相关优势和兼容性对电子商务采用存在积极和重要的影响，复杂性和安全性对电子商务采用存在消极的影响，实用性和电子商务采用无关。

洪和朱（Hong & Zhu，2006）根据技术扩散理论，建立了概念性模型，通过调查 1036 家不同行业的企业，利用多元 logistic 回归的方法检测了在公司层面影响电子商务采用和转型的因素。结果发现技术整合、网络功能性、网络开销和合作者惯例对采用有积极的影响；网络功能性、网络开销和基于组织内部系统的外部整合是公司转型为电子商务的最有影响力的驱动因素；而公司规模、合作者惯例、电子数据交换惯例和预期障碍对电子商务转型有消极的影响。

上述电子商务扩散研究大都是停留在某一阶段，或者只停留在某一个发展模式上，偏向于静态研究。电子商务扩散是创新扩散过程的一个后续子过程，是一个完整独立的技术与经济结合的运动过程，考虑电子商务扩散程度，把电子商务扩散分为不同阶段进行研究，能够更好地体现电子商务扩散的本质。

6.2.3.2　电子商务扩散阶段方面的研究

沃尔斯和瑟克尔等（Vowles & Thirkell et al.，2011）研究哪些因素在 B2B 高技术创新扩散过程不同阶段起到关键作用。实证研究结果显示早期采用者与打算采用者、无意识采用者之间是有区别的。早期采用者是创新型的、获益的，更愿意尝试与以前不同的技术，表明企业间优势是一个重要的影响因素。落后企业错过了关键的企业优势，而它能带来相关信息收集和对创新的理解。研究表明在企业创新扩散过程的不同阶段，采用的关键因素是不同的。

朱等（Zhu et al.，2006）基于创新扩散理论和 TOE 框架提出过一个电子商务同化阶段模型，将电子商务同化划分为启动、采用和常规化三个阶段，来考察欧洲国家电子商务同化不同阶段对收益的影响，结果发现同一因素在电子商务扩散不同阶段有不同的影响。

吴等（Wu et al.，2009）基于创新扩散理论和平衡计分法将创新扩散过程划分为"采用—内部扩散—外部扩散"三个阶段，结果发现外部扩散阶段与前两个阶段（采用阶段和内部扩散阶段）在平衡计分法的4个方面显著不同。

林等（Lin et al.，2008）依据创新扩散理论和TOE框架研究电子商务扩散的关键因素，从内部融合和外部扩散两个维度来观测电子商务扩散，研究结果显示信息系统基础设施、信息系统规模、电子商务预期收益和竞争压力是推动电子商务扩散的重要因素。

林（Lin，2014）基于TOE框架研究电子供应链的采用的关键因素，将供应链的采用划分为采用决定和采用程度两个阶段，结果发现技术因素主要是采用决定阶段的关键因素，而组织和环境因素主要是采用程度阶段的关键因素。

朱镇和赵晶（2013）在文献综述的基础上，从组织实施力视角研究了企业电子商务扩散的管理机制，提出了价值认知—组织实施的电子商务扩散的两阶段模型，并基于105家传统企业的调查数据，采用偏最小二乘结构方程（PLS）进行了实证分析，研究证实，企业电子商务扩散源于管理者对其应用价值的认知，通过有效的组织实施力（包括战略和运作两个方面）推动电子商务扩散，实施力中介效应的发现扩展了学术界对电子商务扩散过程的认识。

刘茂长和鞠晓峰（2012）则以创新扩散理论为基础，采用TOE模型分析了技术、组织和环境因素对电子商务扩散的技术采纳和技术整合阶段的影响，证实了大多因素在不同扩散阶段作用是一致的，而高层管理者的支持，企业规模等因素在不同阶段作用是不同的。

从现有研究状况看，创新同化整个过程中关键因素影响的潜在不变性问题，缺乏大量实证验证，是学术界争论的问题。而且，国外研究占主导地位，但研究结果不能解释中国企业的问题，中国有特定的经济结构和市场环境，经济与文化发展不同区域得出的结论应该是不同的。在创新扩散的诸多影响因素中，有些在不同阶段的影响作用一致，有些是不同的，还有影响不显著的。基于阶段的研究有助于分析企业信息化实施的效果和价值产生的原因，可以促进信息化投资转换为实际收益，故是一个值得研究人员关注的重要课题。

6.2.3.3 电子商务成熟度及测评体系方面的研究

裴一蕾、薛万欣等（2012）从中小型农业企业方面对电子商务成熟度进行了研究，文章首先对相关概念进行了界定，然后建立了中小型农业企业的电子商务成熟度的评价指标体系，包括4个一级指标（基础设施，交易流程，运营管理，交易安全）和11个二级指标（硬件设备，计算机网络，信息技术，电子采购，电子支付，物流配送，供应链管理，客户关系管理，知识管理，支付安全，信息安全）。然后文章采用层次分析法确定了各个指标的权重，建立了中小型农业企业的电子商务成熟度的模糊综合评价的数学模型。

马良渝、卢泠（2002）从企业电子商务成熟度评价指标体系方面进行了研究，文章通过调查问卷、专家访谈等方式收集数据，然后通过对结果进行指标筛选，得出了企业电子商务成熟度的评价指标体系，最后，根据评价指标体系的特点提出了企业电子商务成熟度指数的比较分析方法——即应用层次分析法计算指标的权重，然后采取线性加权法得出指标体系的评价结果。文中从三个方面评价企业电子商务的成熟度：电子商务重视度、电子商务支持度、电子商务实用度，每个方面又选取了两个二级指标进行具体评价，包括管理者态度、组织架构、安全技术、基础设施、商务交易、宣传与服务等。

　　杜江萍与李友祥（2009）针对外贸企业的电子商务成熟度进行了研究，文章借鉴了软件能力成熟度模型的思想，建立了外贸企业的电子商务评测体系，应用了专家打分法与 AHP 结合的方法确定了指标的权重，最后得出了企业电子商务成熟度的计算方法。文章主要是针对江西省 20 家外贸企业进行的调查研究。文章的评价要素只要主要来自三个域层：支撑层、应用层与协同层，选取了 7 个一级指标进行的数据分析，包括基础设施、物流、资金流、商流、信息流、人流、协同等。

　　这些研究为本章电子商务同化程度阶段模型的构建奠定了理论基础。

6.2.4　信息技术/电子商务价值创造研究

　　IT/电子商务的价值创造一直以来都是学术界关注的热点，它直接关系到企业如何实施电子商务以实现预期绩效和企业目标。关于 IT 投资价值，文献已有大量研究并有研究证明 IT 创新对企业绩效与生产率有积极影响（如 Brynjolfsson，2010；Benitez – Amado & Walczuch，2012）。

　　布林约尔松（Brynjolfsson，2010）基于企业资源观分析 IT 创新与竞争绩效之间的关系，吴等（Wu et al.，2014）研究组织 IT 创新不同扩散层面（IT 部门、组织内、组织外）对企业竞争绩效的影响，艾舍斯特等（Ashurst et al.，2012）通过案例研究发现组织不同层面成功地实施 IT 创新实现了较大收益。

　　席拉等（Sila et al.，2012）依据 TOE 框架研究 B2B 电子商务使用模式，将企业电子商务使用划分为三种模式（受限者、领先者、落后者），发现 TOE 因素对于这三种模式的形成起到不同作用，即 TOE 因素对电子商务不同模式的影响是不同的。

利姆和德恩等（Lim & Dehning et al.，2011）研究 IT 投资对企业财务绩效的影响。他们使用一些财务指标作为企业绩效的测度，例如已投资的资本回报率（Return on Capital）或经济利润（Economic Profit），或者基于市场的测度如托宾 q（Tobin's q），元分析结果表明 IT 投资增加了企业的财务绩效。

沃尔斯等（Vowles et al.，2011）依据企业资源观提出电子商务价值模型，分析电子商务扩散的广度和深度的关键因素及对价值创造的影响。

朱和克雷默（Zhu & Kraemer，2002）从四个方面（信息、交易、用户化、供应链接）评估电子商务对制造业企业绩效的影响，对网络加强型组织的电子商务进行了考察，他选取了 260 家制造业企业进行调查，并将调查数据按照企业高 IT 强度和低 IT 强度进行了划分，研究结果显示传统企业需要加强电子商务能力和他们现存的 IT 结构之间的联系去获得电子商务收益这一结论。朱和克雷默（Zhu & Kraemer，2005）依据企业资源观提出一个电子商务扩散及影响综合模型，研究企业采用电子商务之后的价值创造情况。

朱镇和赵晶等（2013；2010）从电子供应链流程视角分析电子商务能力、流程绩效与企业绩效的关系，从流程视角探索电子商务能力与绩效间关系，揭示电子商务价值创造过程。

陈琦（2010）研究互联网经济对企业所带来的价值，在对 IT 资源、业务流程重构、电子商务商业模式、环境动态性、关系嵌入型及知识整合等理论梳理的基础上，提出权变视角下电子商务商业模式设计影响企业绩效的概念模型，探讨 IT 资源对电子商务商业模式设计的影响机制，以及应用电子商务以提升原有业务竞争力的问题。

李治堂和吴桂生（2008）针对中国企业的信息技术投资与公

司绩效的关系进行了研究，搜集了 200 多家上市公司 1999~2004 年的财务数据，以生产理论为基础，利用广义最小二乘法对回归方程进行了估计。得出的结论为：企业的信息技术投资对主营收入、净利润等绩效指标具有积极的影响；技术投资是一种生产性投资，对产出也具有积极的贡献。

汪淼军、张维迎、周黎安（2007）利用浙江省企业信息化和组织行为的数据研究了企业信息化、企业基本组织行为和生产绩效、企业竞争力以及创新能力的关系。认为企业生产绩效、企业竞争力和企业创新能力随着企业信息化投资增加而增加，刚性的企业组织行为能够显著地提高企业生产绩效、竞争力和创新能力，刚性的组织行为对于企业绩效的提高的关键在于刚性组织行为和企业信息化资本以及企业员工和经理合作之间存在互补性。

吴绪永和张嵩（2007）基于资源的观点，分析了 IT 资源对企业业务流程的运营绩效和企业整体绩效的影响。业务流程的运营绩效主要从客户角度（定性）以及组织和流程的角度（定量和定性）进行评价，关注时间、效率、服务、质量四个维度；企业整体绩效从生产率、盈利能力、市场价值和竞争优势进行评价。研究结果显示：IT 投资价值体现在 4 个层次上，包括 IT 资源层、应用系统层、业务流程层和企业层，而且投资带来的直接影响逐渐减弱。

文献中技术创新的价值创造研究大多不区分扩散程度，而是从创新扩散总体分析创新的价值创造机理。当然，也有少数研究从创新扩散阶段来分析创新所带来的价值，但大多聚集在分析技术创新与价值创造之间的直接联系。

近来研究人员提出，IT 投资绩效的研究历来侧重于 IT 的财务绩效且结果尚无定论（Wu & Chuang，2010），米特拉和萨姆巴默希（Mitra & Sambamurthy，2011）进一步提出这些研究"忽视了

IT 投资的业务价值，及其对业务流程改进所起的作用和使业务创新实现的能力"。施焉（Schryen，2010）在分析了 22 个文献综述和 200 多篇文章的结果后，提出"研究人员未能充分鉴别和解释 IS 经济效益"，认为"由于理论与方法的缺陷，导致研究结果具有局限性"，故"长期以来一直难以解释 IS 业务价值"，并提出"IS 业务价值的一些关键领域文献还未完全涉及到，……只有少数研究涉及无形收益（如能力与知识的增加）"。科利和格罗弗（Kohli & Grover，2008）认为"IT 价值的因果关系难以解释"，强调无形收益的重要性，认为"充分利用 IS 和互补性产生加剧竞争的'不同价值'"，并提出"基于 IT 的价值创造是未来的一个研究主题"。虽然国外相关研究占主导地位，但近两年国内相关研究逐渐增多，也有研究人员注意到并努力尝试解决这些问题。

由于理论与方法问题，文献对 IT 价值及如何产生的问题没有定论，故又掀起一轮探索 IT 价值的新热潮。IT 价值的研究持续成为当今业界关注的焦点（Mitra & Sambamurthy，2011；Mithas et al.，2011）。

此外，前人研究指出不同类别技术创新的研究结果不适于扩展到电子商务（Chatterjee et al.，2002；Zhu et al.，2006）。IT/电子商务价值的产生不仅仅与技术相关，还涉及组织战略、信息管理、业务流程、组织资源、组织能力、组织环境等各方面，取决于各种因素的综合作用。与其他 IT 相比，将电子商务融入企业战略及业务流程更具挑战性。故文献中的理论和方法存在缺陷（Schryen，2010），各种各样的理论方法产生的结果常常不一致，不同的界定、测量方法和数据分析方法造成研究结果缺乏统一性和可比性，难以解释什么是 IT/电子商务价值及如何产生价值的问题。因此，企业 IT/电子商务同化价值创造的机理仍是当前学术界关注的焦点问题。

目前对于一些问题，例如，信息化影响因素在电子商务同化不同程度（或阶段）上的影响是否一样，起什么作用，以及电子商务同化不同程度（或阶段）对价值创造产生的影响。现有研究要么缺乏解释，要么缺乏一致性结论。用什么样的理论、模型与方法才能科学、合理地衡量企业电子商务实施效果和进行相应比较，说明电子商务价值创造机理，一直是学术界难以解决的问题，目前处在探索和研究阶段。从国内研究现状分析，企业 IT/电子商务总体实施和开展得究竟如何，至今不十分清楚。故从电子商务同化程度研究信息化对企业绩效的影响，具有重要的学术价值和现实意义。

本节内容作为本章研究理论分析的起点，对有关电子商务、电子商务扩散和企业绩效的概念进行定义和界定，提出研究所借鉴的理论背景，总结国内外学术界关于 IT/电子商务扩散研究和 IT/电子商务对企业绩效影响方面的研究，为分析电子商务同化程度在信息化价值创造中所起的作用提供理论基础。

6.3　研究模型

6.3.1　电子商务同化程度的阶段划分

美国哈佛大学教授理查德·诺兰提出了企业信息系统发展的四阶段论，之后经过实践进一步验证和完善，于 1979 年将其调整为"初始—普及—控制—整合—数据管理—成熟"六阶段模型，各阶段主要特征见表 6 – 1。

表 6 – 1　　　　　　　　　　诺兰模型各阶段主要特征

特征＼阶段	资金投入	用户	管理	联机协作	计算机使用情况	信息处理部门和人员	备注
初始	较低	很少	松散	无	很少	个人	强调降低成本
普及	迅速增长	开始普及	松散	无	开始普及	开始扩充	缺少统一规划

续表

特征 阶段	资金 投入	用户	管理	联机 协作	计算机使用 情况	信息处理部门 和人员	备注
控制	稳定	基本 稳定	加强	开始 推广	广泛	急剧 扩充	各个信息 系统间较 为孤立
整合	迅速 增长	基本 稳定	标准化	全面网 络化	广泛	形成一个 稳定的 组织	网络数据 库的应用
数据管理	稳定	基本 稳定	标准化	全面网 络化	遍布生产 经营管理 的全过程	IT系统 的规划及 利用更加 高效	信息成为 企业的战 略资源
成熟	稳定	基本 稳定	标准化	完全网 络化	遍布生产 经营管理 的全过程	能满足企 业各个层 次的需求	信息化提 升核心 竞争力

　　20 世纪 90 年代，米歇对诺兰模型中的一些问题进行了进一步修正，将信息系统整合与数据管理合为一体。米歇的信息系统发展阶段论可以概括为：四阶段与五特征，见图 6 - 1。

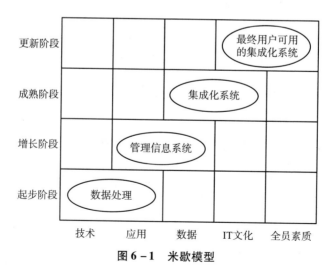

图 6 - 1　米歇模型

　　为了更好地理解创新扩散的阶段性及创造不同价值的问题，加利文（Gallivan，2001）提出在过程研究上多阶段扩散分析比单一阶段提供更好的视角。由此，罗杰斯（Rogers，2003）提出创新扩散两阶段研究模型：采用和实施，采纳阶段可以分解为知识获取、说服、学习和决策，实施阶段包括任务结构、任务过程及创新资源的调配。迈耶（Meyer，1988）提出五阶段模型来研究组织创新扩散，即知识获取、评估、采纳、实施和扩展。

　　勒温（Lewin，1952）最早提出三阶段变革模型：解冻—变革—再冻结，来研究系统变革和组织创新的关系。权和泽玛德（Kwon & Zmud，1987）在勒温（Lewin，1952）三阶段变革模型的基础上，提出创新扩散六阶段模型：扩散基础—采用—适应—接受—常规化—扩散。拉加歌帕（Rajagopal，2002）应用这个六阶段模型研究不同影响因素在企业资源规划系统中的影响，还有一些研究人员在创新阶段扩散研究方面采用两阶段模型（Premkumar et al.，1994；Ramamurthy et al.，1999；Ranganathan et al.，2004），如阮加纳桑等（Ranganathan et al.，2004）将内部融合和外部扩散作为两个扩散阶段来研究供应链技术扩散和企业绩效的关系。

　　斯旺森和拉米勒（Swanson & Ramiller，2004）提出了四阶段模型：理解—采纳—实施—同化，来研究电子商务扩散过程中企业的角色和参与度。也有一些研究人员采用三阶段扩散模型来研究信息技术创新，例如，朱等（Zhu et al.，2006）采用三阶段模型：启动—采用—常规化三阶段来研究企业电子商务同化，吴等（Wu et al.，2010）则通过采用—实施—同化三个阶段从技术和协作结构的动因来研究供应链技术的创新。

　　列斐伏尔等（Lefebvre et al.，2005）研究企业 B2B 电子商务扩散情况，提出 36 个电子商务环境下的业务流程（简称 eBPs），如表 6 - 2 所示。

表 6 - 2   电子商务环境下的 36 个业务流程

eBPs	含 义
eBP1	传输文件和技术图纸给客户
eBP2	传输文件和技术图纸给供应商
eBP3	集成支持产品设计的软件（如 CAD/CAM，VPDM，PDM）
eBP4	与供应商进行在线协同设计
eBP5	与客户进行在线协同设计
eBP6	寻找新的供应商
eBP7	寻找新的产品/服务
eBP8	使用电子目录购买产品/服务
eBP9	使用电子拍卖购买产品/服务
eBP10	通过发布电子招标信息购买产品/服务
eBP11	给供应商下订单和管理订单
eBP12	与供应商谈判合同（价格，数量，等等）
eBP13	电子支付给供应商
eBP14	访问供应商的产品/服务数据库
eBP15	使用制作执行系统（MES）自动化生产车间
eBP16	将 MES 与管理信息系统（MIS）集成
eBP17	使用 MIS 以确保对质量保证的管理
eBP18	允许客户访问公司的库存
eBP19	访问客户的库存
eBP20	允许供应商访问公司的库存
eBP21	访问供应商的库存
eBP22	为公司及其产品/服务做广告
eBP23	寻找新客户
eBP24	将产品/服务信息转换成数字形式
eBP25	用电子目录销售产品/服务
eBP26	使用电子拍卖销售产品/服务
eBP27	通过响应电子招标信息销售产品/服务
eBP28	与客户谈判合同（价格，数量，等等）
eBP29	接收和管理客户订单
eBP30	接收客户的电子支付
eBP31	访问客户产品/服务数据库
eBP32	提供客户售后服务

续表

eBPs	含义
eBP33	使用物流执行系统（LES）自动化分销/物流
eBP34	允许分销/运输合作伙伴访问他们需要的信息（库存单元 SKU，数量，递送时间，等等）
eBP35	优化退货管理（逆向物流）
eBP36	跟踪运输中的产品（买卖的）

　　该研究依据上述 36 个 eBPs，把企业电子商务实施分为了四个阶段：电子信息搜索和内容创建—简单电子交易—复杂电子交易—电子协作，如图 6-2 所示。

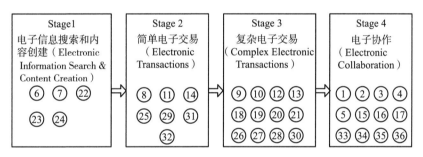

图 6-2　列斐伏尔等（Lefebvre et al.，2005）对电子商务扩散阶段的划分

　　图中 6-2 中，各个阶段含义如下：

　　Stage1（阶段 1）：电子信息搜索和内容创建阶段，在此阶段企业只进行与电子信息搜索和内容创造有关的活动；

　　Stage2（阶段 2）：简单电子交易阶段，在此阶段企业进行了简单的电子交易如应用电子目录购买产品/服务；

　　Stage3（阶段 3）：复杂电子交易阶段，在此阶段企业进行了复杂的电子交易，比如参与电子拍卖、网上竞投标、在线谈判合同等；

　　Stage4（阶段 4）：电子协同阶段，在此阶段企业具备支持与客户、供应商之间协同商务的能力。

阶段模型在 IT 创新扩散研究中得到广泛应用，不同阶段模型见表 6-3。IT 创新扩散过程被划分成各种阶段，例如，采用与实施，启动、采用与实施，启动、采用与常规化，等等。

表 6-3　　　不同阶段模型在创新扩散研究中的应用

模型	阶段名称	文献
两阶段	采用；实施 内部扩散；外部扩散 决定采用，采用程度 采用；内部扩散；外部扩散	罗杰斯（Rogers, 2003） 阮加纳桑等（Ranganathan et al., 2004） 林（Lin, 2014） 吴和常（Wu & Chang, 2012）
三阶段	启动；实验；实施 启动；采用；常规化 IT 部门，组织内，组织间	马塔等（Matta et al., 2012） 朱等（Zhu et al., 2006） 吴和陈（Wu & Chen, 2014）
四阶段	理解；采用；实施；同化 适应程度；内部扩散；外部扩散	斯旺森和拉米勒（Swanson & Ramiller, 2004） 普雷姆库玛等（Premkumar et al., 1994）
五阶段	知识认知；评估；采用；实施；扩展	迈耶和格斯（Meyer & Goes, 1988）
六阶段	启动；采用；适应；接受；常规化；注入	拉加歌帕（Rajagopal, 2002）

根据上述文献中的创新扩散阶段模型以及企业电子商务扩散阶段的划分方法，本书认为采用三阶段模型划分企业电子商务同化阶段，比较适合当前中国企业电子商务发展的实际现状。电子商务同化程度三阶段模型具体定义如下：

第 1 阶段：初步采用

本阶段的企业电子商务应用刚刚起步，在这一阶段企业从事与信息发布、电子信息搜索和内容创建有关的活动。

第 2 阶段：采用

本阶段企业利用互联网技术从事与业务相关的活动，如应用电子目录购买或销售产品，提供售前售后服务，参与电子拍卖，在线谈判合同等。企业开始利用电子商务对企业的价值链系统进行整合，应用电子商务进行更复杂的在线交易及系统集成。

第3阶段：扩展

本阶段企业开始进行层次更深、范围更广的电子商务与业务融合，能够支持与顾客、供应商、合作伙伴之间的电子协作。企业对价值链系统进行整合，不仅在企业内部、企业与顾客之间应用电子商务系统开展商务活动，而且进一步完善与供应商、合作伙伴等之间的数据共享，使企业在成本上、市场上、效率上、管理上、规模上都得到了大幅度提高。

根据第5章电子商务同化的定义和测量维度（见图5-2与表5-3），企业电子商务同化程度取决于企业价值链上的业务流程是否是电子化的，即其所处阶段需要从鉴别哪些业务流程是以电子化方式执行的这个角度来分析。

根据电子商务同化程度三阶段模型的定义，本书对三个阶段的测量方法是：（1）如果企业价值链上业务流程④、⑤、⑥、⑦、⑧、⑰、⑱、⑲是电子化的，处于第1阶段；（2）如果业务流程⑨、⑩、⑪、⑫、⑬是电子化的，处于第2阶段；（3）如果业务流程①、②、③、⑭、⑮、⑯、⑳、㉑、㉒是电子化的，则处于第3阶段，见图6-3。

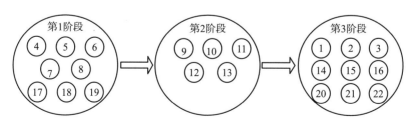

图6-3 电子商务同化阶段划分

虽然阶段模型已经广泛应用于 IS 应用，但电子商务同化阶段方面的实证研究却不多。电子商务同化过程有着动态和复杂的特点，会随着时间的变化出现不同的特点和组织影响。在电子商务同化过程研究方面采用多阶段分析视角，可以更好地理解电子商务同化过程及对企业绩效的不同影响。

6.3.2 信息化影响因素

研究信息化对企业绩效影响的测度模型要考虑组织采用创新的影响因素，这些因素与具体的技术、组织和组织的环境背景有关。表 6-4 列出了相关研究应用 TOE 框架选用的影响因素。

表 6-4　　　　　　　　　　　TOE 框架文献回顾

作者	研究内容	模型：TOE/创新扩散理论
朱等 （Zhu et al.， 2006）	企业电子商务创新同化过程：技术扩散视角	技术：技术准备，技术集成 组织：组织规模，全球范围，管理障碍 环境：竞争强度，监管环境
余（Yu， 2005）	IT 同化与企业绩效的改进：理论与实证研究	组织能力：技术路径，知识，组织惯例 创新特征：兼容性，相对优势 控制变量：组织规模
王（Wang， 2009）	电子商务同化与组织动态能力：前因后果	技术：IT 基础设施，IT 人力资源，系统集成 组织：高层管理支持 环境：竞争强度 控制变量：组织规模，行业布局
周和塔姆 （Chau & Tam， 1997）	影响开放系统采用的因素	创新特征：感受的障碍，遵守的重要性 组织技术：对现存系统的满意度外部环境
达曼珀尔等 （Damanpour et al.，2006）	组织复杂性与创新：开发和测试多个应急模型	组织复杂性：组织，横向复杂性 应急因素：环境不定性
唐（Thong， 1999）	小型企业信息系统采用的综合模型	CEO 特征：CEO 的创新性和 IS 知识 IS 特征：相对优势/兼容性，复杂性 组织特征：组织规模，员工知识 环境特征

　　本章研究的主要目的是依据创新扩散等相关理论和 TOE 框架分析企业的信息化技术、组织和环境特征通过对电子商务同化不同阶段产生的作用进而对企业绩效所带来的影响，故信息化影响因素主要选取技术、组织和环境因素。根据电子商务同化阶段划分模型和第 5 章对电子商务同化影响因素的分析，本书从技术准备、Web 功能、组织规模、高管支持和竞争强度方面考察信息化对电子商务同化程度的影响。见表 6 - 5：

表 6 - 5　　　　　　　基于 TOE 框架的信息化影响因素

	因素	变量
TOE 框架	技术	技术准备
		Web 功能
	组织	组织规模
		高管支持
	环境	竞争强度

6.3.3　企业绩效的测度

　　企业整体绩效通常用盈利能力、生产率、竞争优势或市场价值等来衡量。这些指标可以归集为三类因素：财务、运营、竞争优势。多数学者应用财务指标来度量企业 IT 能力与企业绩效之间的关系，应用运营指标来分析企业 IT 能力在企业组织层面的商业价值，应用竞争优势来分析企业 IT 的应用对于企业持续竞争优势的影响。

　　在 IS 领域的研究中对企业绩效分析通常采用的测度，见表 6 - 6。

表 6 - 6　　　　　　国外信息化研究中企业绩效的测度方法

企业绩效	测度	代表性人物或研究
过程绩效	生产率	布林约尔松等（Brynjolfsson et al.）
市场绩效	总收益（Total Shareholder Return）	塔姆（Tam，1998）；布林约尔松和希特（Brynjolfsson & Hitt，1996）
	股票市场反应（stock market reactions）	多斯桑托斯等（Dos Santos et al.，1993）；林等（Im et al.，2001）
	托宾 Q（Tobin's q）	巴拉德瓦杰（Bharadwaj，2000）；布林约尔松和杨（Brynjolfsson & Yang，1999）
财务绩效	成本比率（cost ratios）	巴拉德瓦杰（Bharadwaj，2000）；桑瑟兰姆和哈托诺（Santhanam & Hartono，2003）
	周转率（turnover ratios）	德恩和斯特拉托普洛斯（Dehning & Stratopoulos，2002）；巴鲁阿等（Barua et al.，1995）
	利润率（profit ratios）	
	- 营业利润率（Operating income to employees）	巴拉德瓦杰（Bharadwaj，2000）；桑瑟兰姆和哈托诺（Santhanam & Hartono，2003）
	- 资产收益率（Return on Assets，ROA）	希特和布林约尔松（Hitt & Brynjolfsson，1996）；拉伊等（Rai et al.，1997）；塔姆（Tam，1998）；巴拉德瓦杰（Bharadwaj，2000）；斯特拉托普洛斯和德恩（Stratopoulos & Dehning，2000）；德恩和斯特拉托普洛斯（Dehning & Stratopoulos，2002）；桑瑟兰姆和哈托诺（Santhanam & Hartono，2003）
	- 销售利润率（Return on Sales，ROS）	塔姆（Tam，1998）；巴拉德瓦杰（Bharadwaj，2000）；德恩和斯特拉托普洛斯（Dehning & Stratopoulos，2002）；桑瑟兰姆和哈托诺（Santhanam & Hartono，2003）
	- 投资收益率（Return on Investment，ROI）	斯特拉托普洛斯和德恩（Stratopoulos & Dehning，2000）；马哈茂德和曼（Mahmood & Mann，2005）
	- 股本收益率（Return on Equity，ROE）	拉伊等（Rai et al.，1997）；塔姆（Tam，1998）；斯特拉托普洛斯和德恩（Stratopoulos & Dehning，2000）

　　除了表 6-6 中企业绩效常见的测度方法之外，有研究人员认为 IS 业务技能能够形成一种对竞争优势有显著影响的能力——无形收益，例如，组织层面知识与能力的增加或更好的决策（Kohli & Grover 2008），但无形收益作为企业绩效测度方面的研究极少。

　　国内一些代表性研究文献中企业绩效的测度方法，汇总如表 6-7 所示。

表 6-7　　　　　　国内信息化研究中企业绩效的测度方法

作者	题目	企业绩效
赵海峰、万迪、王朝波 2002	信息技术应用水平对企业绩效影响的实证研究	营业利润率 总资产收益率 所有者权益收益率
杨道箭、齐二石 2008	基于资源观的企业 IT 能力与企业绩效研究	营业净利率 总资产收益率 净资产收益率 人均营业额 人均净利润
李治堂、吴贵生 2008	信息技术投资与组织绩效：基于中国上市公司的实证研究	主营业务收入 净利润 净资产收益率 资产收益率
汪淼军、张维迎、周黎安 2007	信息化、组织行为与组织绩效：基于浙江企业的实证研究	企业生产效率 企业竞争力 企业创新能力

　　本章的企业绩效指企业在信息化建设中通过电子商务实施对企业活动表现出来的综合影响。考虑到财务绩效的研究是 IS 商业价值研究最为深入的领域，加上数据的可获得性及对企业的实际意义，本次研究中企业绩效采用财务绩效测度，选取应用最为广泛的资产收益率（Return on Assets，ROA）及营业利润率作为企业绩

效的观测变量。

资产收益率也叫资产报酬率，即每单位资产创造的净利润（营业利润减去所得税）。资产收益率指标值越高，说明投资带来的收益越高，体现了自有资本获得净收益的能力。营业利润率指企业的营业利润与营业收入之比，是度量企业经营效率的指标之一，反映了在考虑企业营业成本的情况下，企业管理者通过经营水平获得经济利润的能力。

6.3.4　信息化对企业绩效影响的测度模型

依据前述创新扩散文献及相关理论基础，结合中国电子商务发展的现状，本书把企业电子商务同化程度划分为初步采用、采用和扩展三个阶段，提出以电子商务同化程度为中间变量的信息化对企业绩效影响的测度模型，具体如图6-4所示。

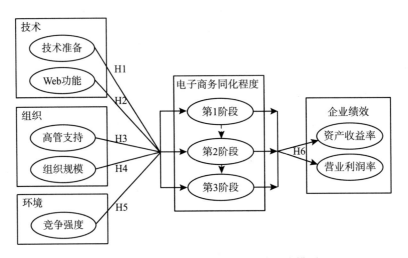

图6-4　信息化对企业绩效影响的测度模型

本节作为本章理论分析的主体部分，首先通过对先前的研究成果进行分析总结，提出了企业电子商务同化程度的阶段模型、影响因素及企业绩效的测度方法，最终提出以电子商务同化程度为中介的信息化对企业绩效影响测度模型，为下一步深入研究信息化通过电子商务同化程度对企业绩效影响的作用机理提供了理论依据。

相关假设命题如下：

H1. 技术准备对电子商务同化不同阶段的影响是一致的。

H2. Web 功能对电子商务同化不同阶段的影响是一致的。

H3. 高管支持对电子商务同化不同阶段的影响是一致的。

H4. 组织规模对电子商务同化不同阶段的影响是不一致的。

H5. 竞争强度对电子商务同化不同阶段的影响是不一致的。

H6. 电子商务同化不同阶段对企业绩效（资产收益率 H6a 和营业利润率 H6b）的影响是一致的，且后期阶段比前期阶段对企业绩效的影响大（H6c）。

6.4 研究设计

6.4.1 潜变量

本章信息化对企业绩效影响研究中的潜变量主要是分析电子商务同化程度的影响因素及观测变量。

6.4.1.1 技术准备

文献已经识别了大量影响创新采用与扩散的技术因素。近年来的研究证明技术因素在解释电子商务扩散程度上仍然起到关键作用（Ghobakhloo et al.，2011）。

技术准备可以反映一个企业在信息化方面的现有资源及发展潜力（Zhu & Kraemer，2003）。许多研究提出技术因素对 IT 创新多个扩散阶段有关键影响（Xu & Quaddus，2012；Wu & Chiu，

2014）。电子商务使用 Internet 及 IT 技术作为技术基础，故需要考察技术准备对电子商务同化不同阶段的影响是否一致。

根据第 5 章的分析结果，技术装备包括 4 个观测变量，分别是专业人力、专业技能、IS 资源和财力，体现企业对信息化投入的重视程度，考察 IT 人力、物力和财力资源及无形资源（信息化专业技能和知识积累与共享能力），具体见表 5 - 9。

6.4.1.2　Web 功能

Web 功能考察企业利用先进的 Web 技术设计更丰富的网站功能的能力，是企业开展电子商务的技术基础，属于电子商务独具特征，体现了企业技术的现有状态。企业拥有越高层次的 Web 技术能力，越有可能促进电子商务同化的程度。Web 功能的影响在电子商务同化的不同阶段可能是相同的。无论企业处于哪个阶段，如果企业缺乏必要的 Web 功能，势必会影响到电子商务同化的效果，影响到企业将互联网技术融入到价值链上的业务活动。因此，Web 功能对电子商务同化整个过程是一致的正影响。

根据第 5 章的分析结果，Web 功能包括 3 个观测变量，分别是 Web 信息、Web 服务、Web 集成，具体见表 5 - 12。

6.4.1.3　高管支持

在电子商务同化中，组织的适应性包括使组织改变其结构及协调机制（Chatterjee et al. , 2002；Orlikowski & Hofman, 1997），使电子商务和现有的策略和流程相互适应以实现一致性和集成性（Straub & Watson, 2001），并获取应用创新所需的新的专业知识（Fichman & Kemerer, 1999）。在相关文献中，有很多因为管理的问题而导致 IT 失败的案例，比如缺乏业务和 IT 技能之间的协同性，缺乏将技术和业务策略整合的相关知识，企业实现平滑的数字转换及加深电子商务同化程度都将变得困难。而且 IT 收益也只有在对 IT 管理得当下才能获得（Luftman et al.，2007）。电子商务同化使组织的适应性面临挑战（Chatterjee et al.，2002）。不是所有的企业都能够有效地管理组织的适应性（Roberts et al.，2003），一些企业可能缺乏管理技能或技术的变更管理。高层管理如果缺乏管理技能，就不能恰当地引导组织适应电子商务和促进电子商务同化程度，从而对企业绩效产生负面影响。故本书认为高管支持对电子商务不同阶段是一致的正影响。

本书选取 4 个观测变量来衡量企业的高管支持，分别为领导组织、IS 规划、业务流程和机构设置，详见表 5 – 12。

6.4.1.4　组织规模

对创新扩散来说，组织规模是一个重要的组织因素。一些研究发现组织规模对 IT 创新有关键影响（Wu & Chiu，2014；Hong et al.，2006），组织规模对于电子商务扩散的不同阶段有着不同的影响（Zhu et al.，2006；Al – Qirim，2007）。

朱等（Zhu et al.，2003）发现大型企业更有可能专门投资于电子商务。开展电子商务需要金融、技术、管理等资源，而大型企业具有更好的资源优势，更能促进创新的开始、采用和扩展。达曼珀尔（Damanpour，1996）提出组织规模与创新应用不同阶段的关联是不同的，因为不同阶段的活动内容存在着本质的差异。根据创新同化理论，本书认为组织规模对于电子商务同化不同阶段有着不同的影响。

本章研究与第 5 章一致，选取生产规模及固定资产净值两个观测变量来度量组织规模，从观测资金规模的影响来验证组织规模对电子商务同化不同阶段的影响。

6.4.1.5　竞争强度

竞争强度被定义为"一个企业在市场中被竞争对手影响的程

度"（Zhu et al.，2006），被认为是 IT 创新不同扩散阶段的关键因素（Wu & Chuang，2010；Chan et al.，2012）。竞争压力促使企业采用新技术以寻求竞争优势（Lin，2014）。波特和米勒（Porter & Millar，1986）提出，通过采用信息系统，企业可能改变竞争规则，影响行业结构，利用新的方式战胜竞争对手。基于互联网技术，电子商务应用能帮助企业增强市场响应和信息透明，提高运营效率，实现客户锁定。这些对企业保持竞争优势至关重要。因此，竞争会促使企业采用电子商务。

然而，关于竞争强度对电子商务同化进一步深化的影响，相关研究存在不一致的结论。林（Lin，2014）发现竞争压力越大的企业越会积极主动地、更广泛地采用新技术，处于高度竞争环境中的企业，其技术的采用与实施都很成功。但朱等（Zhu et al.，2006）提出竞争强度不见得能够进一步加深企业电子商务同化程度，庄和佩尔万（Chong & Pervan，2007）也曾提出竞争压力一般情况下与电子商务的整合负相关。弗奇曼和凯默勒（Fichman & Kemerer，1999）在解释 IT "同化差距"的原因时，认为要使复杂 IT 常规化，企业需要加深技术与管理技能，而这些必要的技能需要一个通过使用而学习的过程来获取，但处于一个激烈竞争环境中的企业，竞争压力会促使企业从一种技术迅速跳跃到下一种，不太可能经历一个渐进的、细致的、边用边学的过程来为现有技术常规化积累所需的技能。

当企业处于电子商务同化不同阶段时，竞争强度的影响可能是不一致的。竞争强度不见得能够进一步促进电子商务与业务融合从而加深企业电子商务同化程度。故本书认为竞争强度对于电子商务同化不同阶段有着不同的影响。

本书对竞争强度采用 7 点李克特（Likert）等级测度，要求调查对象从"极不同意"到"十分同意"打分。

6.4.2　中间变量与因变量

信息化对绩效影响的中间变量为电子商务同化程度,可划分为第 1 阶段(初步采用)、第 2 阶段(采用)和第 3 阶段(扩展)三个阶段,具体可参见本章 6.3 节关于电子商务同化程度的阶段划分和测量方法。

因变量是企业绩效,采用财务绩效作为测度,以观测信息化对企业绩效的影响,如表 6 – 8 所示,详见本章 6.3 节关于企业绩效的测度的相关内容。

表 6 – 8　　　　　　　　　　**因变量及观测变量**

因变量	观测变量
企业绩效	资产收益率
	营业利润率

本书认为电子商务不同阶段对企业绩效的影响是一致的,且后期阶段所带来的影响更为显著。

6.4.3　数据与样本

本章研究主要采用第 5 章所描述的 156 家企业样本调查数据,此外,相关数据也来自国家企业信用公示系统(http：//www.gsxt. gov. cn/index. html),RESSET 锐 思 数 据 库(http：//www3. gtarsc. com)、国泰安数据库(http：//www. gtarsc. com)、新浪财经(http：//finance. sina. com. cn)及各企业官网等。

由于受限于一些非上市公司财务数据的获取,最后选取 140 家有效的样本企业调查数据用于分析信息化对企业绩效的影响。

6.5　数据分析与结果

6.5.1　电子商务同化阶段模型的验证

　　根据样本企业数据收集情况和所提出的电子商务同化阶段模型的定义，几乎所有的企业均处于前期的启动阶段，能够从事与信息发布、电子信息搜索和内容创造有关的电子商务活动；3 成的企业处于采用阶段，能够利用互联网进行价值链上的业务活动；而处于后期的扩展阶段的企业则十分有限。

　　由于本次研究中样本企业几乎均处于电子商务同化第 1 阶段，故第 1 阶段对企业绩效影响的差异不大。考虑到文献中各种阶段的划分，大体可以归结为两个大的阶段：初期采用阶段和采用后阶段，通常也叫初步采用与实施阶段（Lin，2014）。本书对本章 6.3节提出的电子商务同化程度的阶段模型进行了调整，将电子商务同化三阶段（初步采用、采用和扩展）模型调整为二阶段（采用和扩展）模型，以便开展实证研究验证本章第 3 节提出的信息化对企业绩效影响的测度模型和假设命题。

　　本书采用聚类分析方法对样本企业电子商务同化所处阶段进行计算与分析。将样本企业数据分为两个子集（均为 70 个样本），分别采用聚类分析计算和 SPSS 软件的聚类分析划分阶段，验证并修正所提出的电子商务同化阶段模型。

　　参考相关研究提出的决定电子商务同化阶段的因素，如成本减少（cost reduction）、市场扩张（market expansion）、供应链协同（supply chain coordination），企业是否用 Internet 开展了七种供应链活动（Zhu et al.，2006），本次研究选取成本降低、市场扩张、开展新业务、应用网络营销四个因素作为决定企业电子商务同化阶段的计算变量，如表 6 - 9 所示，然后采用聚类分析进行计算，以便对样本企业的电子商务同化程度进行阶段划分。

表 6 - 9　　　　　　　　决定电子商务同化阶段的计算变量

因素名称	符号表示
成本降低	Y1
市场扩张	Y2
开展新业务	Y3
应用网络营销	Y4

6.5.1.1　聚类分析及步骤

聚类分析是一组将研究对象分为相对同质的群组的统计分析技术。聚类分析也叫分类分析或数值分类，聚类分析是对于静态数据分析的一门技术。聚类是把相似的对象通过静态分类的方法分成不同的组别或者更多的子集，这样让在同一个子集中的成员对象都有相似的一些属性。

聚类分析是根据事物本身的特性研究个体的一种方法，目的在于将相似的事物归类。其原则是同一类中的个体有较大的相似性，不同类的个体差异性很大。这种方法的特征：①适用于没有先验知识的分类，如果没有这些事先的经验或一些国际标准、国内标准、行业标准，分类便会显得随意和主观，这时只要设定比较完善的分类变量，就可以通过聚类分析法得到较为科学合理的类别；②是一种探索性分析方法，能够分析事物的内在特点和规律，并根据相似性原则对事物进行分组，是数据挖掘中常用的一种技术。

聚类分析主要步骤如下：

①数据预处理，选取凝聚点。

②进行初始分类：计算每个样本数据与所选凝聚点间的距离，

将距离小的归为一类。例：选取两个凝聚点 a、b，分别计算样本与 x_1 的距离 d_{1a}、d_{1b}，若 $d_{1a} < d_{1b}$，则 x_1 归为 a 类。

③调整分类：初始分类后，计算每个分类的重心，检验重心与最初所选凝聚点是否重合，若重合则分类结束；若不重合则将重心作为新的凝聚点，再次计算每个样本与重心的距离，看分类是否合理，进行调整。

6.5.1.2　采用聚类分析计算划分阶段

（1）数据预处理

根据聚类分析，首先对数据进行预处理，得到企业电子商务同化程度的相对分布图。

首先，对表 6 - 10 中的计算因素进行因子分析，提取公因子并确定每个因子得分，以便确定每个样本的坐标点。

因子分析的 KMO 和巴特利球形检验的结果见表 6 - 10。一般认为 KMO 大于 0.9 时效果最佳，0.5 以下不易做因子分析，本次研究中 KMO 为 0.623 尚可接受。巴特利（Bartlett）球形检验统计量的 sig 值小于 0.01，因此否认相关矩阵为单位阵的零假设，即认为各变量之间存在着显著的相关性。

表 6 - 10　　　　　　　　　　KMO 和巴特利球形检验

取样足够度的 Kaiser – Meyer – Olkin 度量。	0.623
Bartlett 的球形度检验　　近似卡方	98.927
df	6
Sig.	0.000

本次研究应用主成分分析的方法提取公因子。从表 6 - 11 可以看出变量解释方差，前两个公因子已经解释的累计方差（84.748%）达 80% 以上，故提取的这两个公因子就能够比较好地解释所有变量所包含的信息。

表 6 – 11   方差解释矩阵

成分	初始特征值			提取平方和载入			旋转平方和载入		
	合计	方差的%	累积%	合计	方差的%	累积%	合计	方差的%	累积%
1	1.941	48.533	48.533	1.941	48.533	48.533	1.941	48.524	48.524
2	1.449	36.215	84.748	1.449	36.215	84.748	1.449	36.223	84.748
3	0.415	10.379	95.126						
4	0.195	4.874	100						

提取方法：主成分分析。

旋转后的因子载荷矩阵见表 6 – 12。根据因子载荷矩阵，可以看出，第一个公因子（成分 1）主要解释了前两个因素的变化，第二个公因子（成分 2）主要解释了后两个因素的变化。

表 6 – 12   旋转后因子载荷矩阵

	成分	
	1	2
X_1	0.943	– 0.014
X_2	0.936	– 0.009
X_3	– 0.29	0.854
X_4	0.302	0.848

提取方法：主成分分析法。

提取的两个公因子的具体得分矩阵如表 6 – 13 所示。

表 6 – 13   因子得分系数矩阵

	成分	
	1	2
X_1	– 0.486	– 0.005
X_2	0.482	– 0.01
X_3	– 0.153	0.591
X_4	0.152	0.584

提取方法：主成分分析。

从表 6 – 13 的因子的系数矩阵可得最终公因子得分计算公式（6 – 1）和公式（6 – 2）。

$$F1 = -0.486X_1 + 0.482X_2 - 0.153X_3 + 0.152X_4 \quad (6-1)$$

$$F2 = -0.005X_1 - 0.01X_2 + 0.591X_3 + 0.584X_4 \quad (6-2)$$

依据公式（6 – 1）和公式（6 – 2），可计算出样本企业电子商务同化程度（$F1$，$F2$）。每个样本企业可以由（$F1$，$F2$）定义出唯一的一个点，表示企业的电子商务同化程度。

数据预处理后，样本企业电子商务同化程度的数据相对分布情况如图 6 – 5 所示。图 6 – 5 中的数据是样本企业 1 ~ 70 的坐标值，标出样本企业电子商务同化程度的相对分布。

选取 x_{62}，x_{51} 为凝聚点以便对样本进行初始分类，主要根据经验选取，后期还要计算凝聚点是否为分类的重心，若不是则需对凝聚点进行调整，重新分类。也可以选 x_{64} 和 x_{51}。

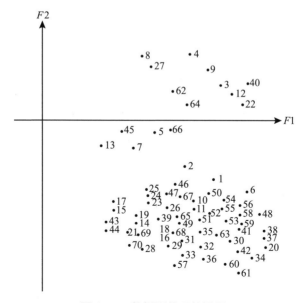

图 6 – 5 数据预处理结果图

（2）计算每个样本与 x_{62}、x_{51} 的距离，每个样本按最近凝聚点归类

距离按欧氏距离计算，公式为：

$$d_{ij} = \Big[\sum_{k=1}^{p} (x_{ik} - x_{jk})^2 \Big]^{\frac{1}{2}} = \big[(X_i - X_j)'(X_i - X_j) \big]^{\frac{1}{2}} \quad (6-3)$$

欧氏距离（Euclid Distance）也称欧几里得度量、欧几里得距离，是一个通常采用的距离定义，它是在 p 维空间中两个点之间的真实距离。在二维空间中的欧氏距离就是两点之间的直线段距离。P 表示维数，i、j 表示两个点，d_{ij} 表示点 i 到点 j 之间的距离。

例：i 的坐标为 (x_{i1}, x_{i2})，j 的坐标为 (x_{j1}, x_{j2})，则

$$d_{ij} = \Big[\sum_{k=1}^{2} (x_{ik} - x_{jk})^2 \Big]^{\frac{1}{2}} = \big[(x_{i1} - x_{j1})^2 + (x_{i2} - x_{j2})^2 \big]^{\frac{1}{2}} \quad (6-4)$$

根据计算结果归类，得到初始分类如图 6-6 所示。

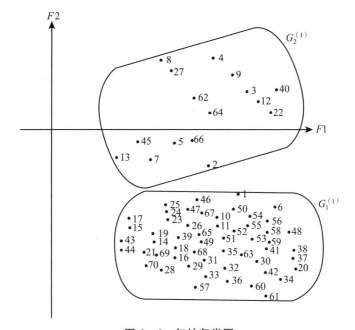

图 6-6　初始归类图

由于 $d_{2,62} = d_{2,51}$，故 x_2 暂不归类，等求出新的凝聚点后再考虑。得到两类 $G_1^{(0)}$，$G_2^{(0)}$。

（3）计算出以上两类的重心

重心即该类中样本的均值，也是用坐标表示。

$G_1^{(0)}$ 的重心为（2.91，－1.20），$G_2^{(0)}$ 的重心为（3.08，0.51）。

这些重心与原凝聚点都不相同，因此将这些重心作为新的凝聚点，将样本重新归类，得到新的分类如图 6 - 7 所示。

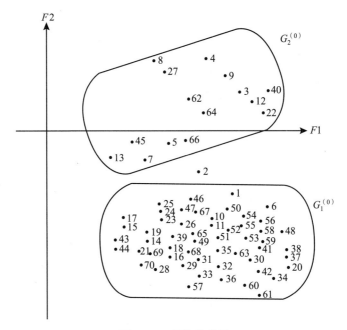

图 6 - 7　新的分类图

通过比较原凝聚点的坐标与重心的坐标，看是否一致。

得到两类 $G_1^{(1)}$，$G_2^{(1)}$，这两类重心与凝聚点重合，聚类过程结束。

调整后的凝聚点为初始分类的重心，初始分类的重心为：

$G_1^{(0)}$ 的重心为 （2.91，－1.20），$G_2^{(0)}$ 的重心为 （3.08，0.51）。即新凝聚点的坐标为 （2.91，－1.20），（3.08，0.51）。

得到新的分类 $G_1^{(1)}$，$G_2^{(1)}$ 后，计算新分类的重心，与凝聚点坐标相同，所以说分类 $G_1^{(1)}$，$G_2^{(1)}$ 的重心与凝聚点重合。

最终将样本企业分为两类，由于 $G_1^{(1)}$ 类的平均得分小于 $G_2^{(1)}$ 类的平均得分，所以定义 $G_1^{(1)}$ 类中的企业处于电子商务同化程度第 1 阶段，$G_2^{(1)}$ 类中的企业处于电子商务同化程度第 2 阶段。

依据因子分析结果，采取方差贡献率作为权重。从表 6-3 看出，旋转后的两个公因子方差贡献率分别为 48.5% 和 36.2%，据此可得电子商务同化程度综合得分的计算公式（6-5），如下：

$$zF = 0.485F1 + 0.362F2 \qquad (6-5)$$

将各企业的 $F1$ 与 $F2$ 数值代入公式（6-5），即可计算出企业的电子商务同化程度。

由于重心即该类样本的均值，故将重心坐标，即凝聚点（$F1$，$F2$）值代入公式：$zF = 0.485F1 + 0.362F2$，得到该类平均得分。

$G_1^{(1)}$ 的平均得分为：0.977；$G_2^{(1)}$ 的平均得分为：1.681。

6.5.1.3　应用 SPSS 软件的聚类分析划分阶段

在用 SPSS 软件进行聚类分析时，若有已知的聚类中心（凝聚点），可以自己指定；若没有指定聚类中心，软件将按一定的方法自行选取初始聚类中心。当没有指定从其他数据集或数据文件读取初始聚类中心时，SPSS 按照如下方法从当前数据集选取初始聚类中心：先拿前 n（聚类个数）个没有缺失值的记录作为开始的聚类中心；逐个扫描余下的记录，若某个记录（记为 x_1）与开始聚类中心的最小距离小于开始聚类中心之间的最小距离（记为 x_2 和

x_3 之间的距离）时，就用 x_1 取代 x_2、x_3 之中距离 x_1 最小的一个；如此对原始数据扫描一遍后，就得到了初始的聚类中心，结果如表 6 – 14 所示。

表 6 – 14 初始聚类中心

	聚类	
	1	2
F1	4.16	2.13
F2	0.90	– 1.16

表 6 – 15 显示的是迭代历史记录，即初始聚类中心与分类后的重心是否重合，重合后迭代结束。

表 6 – 15 迭代历史记录

迭代	聚类中心内的更改	
	1	2
1	0.984	0.499
2	0.000	0.000

a. 由于聚类中心内没有改动或改动较小而达到收敛。任何中心的最大绝对坐标更改为 0.000。当前迭代为 2。初始中心间的最小距离为 2.888。

从表 6 – 15 中可以看出，第一次聚类中心与重心有一定的偏差，所以进行了二次迭代。第二次聚类中心与重心重合（即聚类中心更改为 0），迭代结束。而达到收敛。

最终聚类中心及每个聚类中的样本数见表 6 – 16。从表 6 – 16 可以看出，最终聚类中心为（3.85，– 0.03），（2.63，– 1.11）。

同理，将聚类中心坐标值代入公式（6 – 5），可得每类平均得分：

第一类平均得分为：1.866；第二类平均得分为：0.874。

表 6 - 16   **最终聚类中心及每个聚类中的样本数**

最终聚类中心

	聚类	
	1	2
$F1$	3.85	2.63
$F2$	-0.03	-1.11

每个聚类中的案例数

聚类	1	18.000
	2	52.000
有效		70.000
缺失		0.000

6.5.1.4 两种方法的结果对比

从聚类分析计算和 SPSS 软件聚类分析两种方法所得结果，可以看出：

聚类分析计算得出的最终聚类中心为：（3.08，0.51）和（2.91，-1.20），两类平均得分分别为：1.681 和 0.977。

SPSS 软件最终聚类中心为：（3.85，-0.03）和（2.63，-1.11），两类平均得分分别为：1.866 和 0.874。

两种方法的结果基本一致，可以证实所提出的电子商务同化两阶段模型。

根据计算分析，可得样本企业电子商务同化所处阶段的分布情况，见图 6 - 8。

从结果中可以看出，样本企业中，74% 的企业处于第 1 阶段，即采用阶段；26% 的企业处于第 2 阶段，即扩展阶段。从图中可以看出，可能因为选取的样本量偏少且行业分布广泛，从而导致样本企业整体电子商务同化程度被拉低，另一方面反映出中国传统企业电子商务发展水平与西方发达国家相比尚存在一定差距，中国电子商务发展空间巨大。

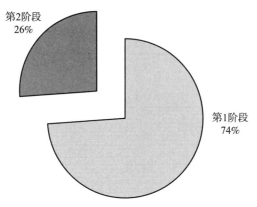

图6-8　样本企业电子商务同化程度分布图

6.5.2　信息化对企业绩效影响的分析

本书对处于电子商务同化第1阶段和第2阶段的样本企业，应用 AMOS 路径分析方法分析电子商务同化各个阶段对企业绩效的影响，在此基础上，进一步分析信息化各因素对企业绩效的影响。路径分析结果见图6-9和图6-10，若显著性水平小于0.01，则会以 *** 符号表示，表示结果显著；从图中还可以看出，两个阶段样本的 p 值（0.087 与 0.073）均大于0.05，表明假设模型与观察数据匹配。

模型拟合情况见表6-17。初规范拟合指数（NFI），相对拟合指数（RFI），增量拟合指数（IFI），非规范拟合指数（TLI），比较拟合指数（CFI），近似均方根残差（RMSEA）用来衡量模型与数据的拟合程度。学术界普遍认为在 NFI、RFI、IFI、CFI 大于0.9，TLI 接近1表示拟合良好，RMSEA 值小于0.08，表明模型与

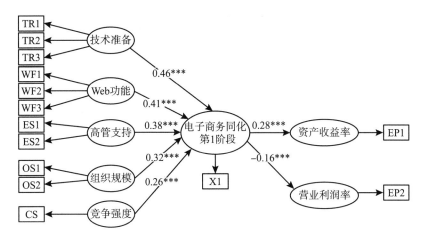

图 6 - 9 通过电子商务同化第 1 阶段对企业绩效影响的路径分析图

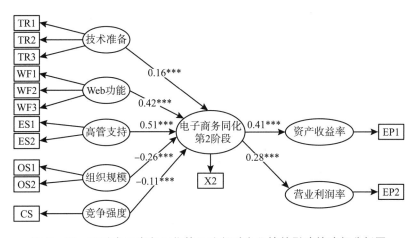

图 6 - 10 通过电子商务同化第 2 阶段对企业绩效影响的路径分析图

数据的拟合程度很好。从表 6 - 17 可以看出，模型拟合度指标
NFI、RFI、IFI、TLI、CFI 均达到判别标准（大于 0.9）；RMSEA
也达到判别标准（小于 0.08），从分析结果可以看出模型的拟合度
可以接受。

表 6 – 17　　　　　　　　　　　模型拟合结果

拟合指标	统计值	
模型	第 1 阶段	第 2 阶段
Absolute fit（绝对拟合）		
X² （Normal chi-square，卡方拟合指数）	13.026	15.471
p （p-value）	0.087	0.073
Incremental fit（增值拟合）		
NFI （Normed Fit Index，规范拟合指数）	0.971	0.987
RFI （Relative Fit Index，相对拟合指数）	0.954	0.961
IFI （Incremental Fit Index，增值拟合指数）	0.947	0.961
TLI （Tucher – Lewis Fit Index，Tucher – Lewis 拟合指数）	0.957	0.959
CFI （Comparative Fit Index，比较拟合指数）	0.925	0.921
RMSEA （Root mean square error of approximation，近似误差均方根）	0.041	0.034

从图 6 - 10、图 6 - 11 的路径系数可以看出：

①技术准备对电子商务同化两个阶段均是一致的正影响（支持假设 H1），且对前期的影响较大。

②Web 功能对电子商务同化两个阶段均是一致的正影响（支持假设 H2）。

③高管支持对电子商务同化两个阶段均是一致的正影响（支持假设 H3），且对后期的影响较大。

④组织规模和竞争强度对电子商务同化两个阶段的影响是不同方向的（支持假设 H4 和 H5），第 1 阶段的影响均为正，而第 2 阶段的影响均为负。

⑤电子商务同化第 1 阶段贡献最大的因素是技术准备，而第 2 阶段贡献最大的因素是高管支持。

⑥电子商务同化不同阶段对企业绩效的影响不太一致，对资产收益率影响一致（支持 H6a），但对营业利润率的影响不一致（第 1 阶段为负，第 2 阶段为正，不支持 H6b）；第 2 阶段比第 1 阶段对企业绩效的影响大（支持 H6c）。

6.5.3　讨论

本次实证研究的目的有两个，一来针对现有存在的创新同化整个过程中关键因素影响的潜在不变性问题，检验在电子商务同化整个过程中信息化关键因素的影响是否一致，二来分析信息化影响实施在电子商务同化不同阶段对企业绩效产生的影响。

本次实证研究的结果表明，在电子商务同化不同阶段信息化关键因素的影响存在不一致的现象，而且电子商务同化不同阶段对绩效的影响也可能不同。

6.5.3.1　信息化关键因素的影响

（1）一致的影响

技术准备对电子商务同化第 1 阶段和第 2 阶段都存在积极影响，影响是同一方向的。而且技术准备对第 1 阶段的影响比第 2 阶段大。技术准备是企业发展电子商务的基础，企业应在电子商务实施前期阶段加强对信息技术基础的建设，以其为本，才能更好地促进企业的电子商务同化从低级阶段过渡到高级阶段。而且，企业越是拥有良好的信息系统基础和应用经验，就越有可能感受不到复杂技术的威胁，会更加愿意扩展电子商务同化程度。技术准备帮助促进电子商务沿着价值链上业务流程扩展，进而给企业带来更大收益。

Web 功能对电子商务同化第 1 阶段和第 2 阶段都存在同样积极的影响，影响是同一方向的。Web 功能在电子商务同化整个过程中的作用是一致的。处于电子商务同化低级阶段的企业，如果拥有强大的 Web 功能，能提供强大的服务支持、网络集成和详尽信息，会更利于和倾向于采用电子化执行的业务流程，进而比较平滑地过渡到电子商务同化高级阶段。而处于电子商务同化高级阶段的企业，强大的 Web 功能将使企业实现与合作伙伴间的信息共享，是企业间协同商务的技术基础。企业无论是处于电子商务同化采用阶段还是扩展阶段，都应该加强自身 Web 功能建设，以便进一提高电子商务同化程度。

高管支持对电子商务的第 1 阶段和第 2 阶段都存在积极的影响，影响是一致的，而且对第 2 阶段的影响比第 1 阶段大。在企业电子商务同化由低级阶段向高级阶段过渡的时候，高管支持越高的企业越容易高效率的达成目标。如果企业高管对信息化建设高度支持和亲自参与，进行必要的推进和资源配置，尤其在 IT 规划与企业战略匹配、业务流程标准化和专业结构布局方面，在电子商务前期阶段就比较容易引导企业引进新技术和将技术与业务融合，促使企业转向电子商务同化高级阶段；而在后期阶段，高管支持会更利于企业获取与客户、供应商等合作伙伴之间协同商务的能力和条件，从而促进和完善电子供应链上与合作伙伴之间的合作，进而对企业绩效产生积极的影响。

（2）不一致的影响

组织规模和竞争强度对企业电子商务同化第 1 阶段存在积极的影响，但对第 2 阶段则有着消极的影响，作用方向不一致。这个结果证实了朱等（Zhu et al.，2006）提出的同一因素在创新同化的不同阶段有"不一致的影响"的观点。

企业要发展电子商务，首先需要进行信息化投资，这就需要相应的资源投入条件做支撑，而组织规模越大，资源相对越丰厚，越有利于企业开展新技术，越利于促进企业内部电子商务的开展；然而，新技术的每一步发展，需要对企业现有结构框架进行打破，而规模越大的企业，其现存的组织框架固化程度就越显著。也就是说，规模越大的企业，要想过渡到更高的电子商务阶段，存在的障碍也越大。可见，组织规模对高水平的电子商务存在着负面影响。

在竞争的市场背景下，企业要想始终立于不败之地，就需要跟随时代发展的脚步。竞争对于电子商务的采用有着积极的影响。但是，电子商务同化从低级阶段向高级阶段过渡期间，需要加大新技术相关的技术技能与管理技能等方面的投入进而加大投资风险，而且在一个较长的过渡期间效益或许不明显。此外，企业领导在决策时会进行市场调研，参考其他企业尤其是竞争对手的做法，且很多企业都有从众心理，最终选择了保持现状，故竞争强度对企业加深电子商务同化程度可能存在负面影响。在电子商务同化扩展阶段，竞争强度过大不见得能促使企业很好地将电子商务与业务流程融合。企业在一个竞争日益激烈的环境下，可能会被竞争压力所驱动，迅速地从一种技术跳跃到另一种技术，使得企业不太可能经历一种渐进的、细致的、持续的过程通过学以致用把一项技术常规化，从而加大企业提高电子商务同化程度的难度。

6.5.3.2　对企业绩效的影响

本次研究选取资产收益率及营业利润率两个观测变量来反映企业的绩效，从研究结论可以看出，电子商务同化第 1 阶段对企业的资产收益率影响为正，但对营业利润率的影响则为负；电子商务同化第 2 阶段对资产收益率及营业利润率的影响均为正。具体如下：

（1）第 1 阶段的影响

在电子商务同化前期，企业开始利用互联网技术从事与业务相关的活动，如在线销售、采购、售后服务等，企业已经开始有了网上营业利润。但前期阶段技术投资比较大，如企业的软硬件投资、针对员工的培训费用、企业原有资源与新技术磨合过程的合理损耗等，这些都会导致这一阶段企业成本的上升，从而表现为对营业利润的负影响。信息化技术的投资可能掩盖了企业的实际收益。

而资产收益率跟净利润相关，净利润除营业利润外，还包括企业的营业外收入，例如企业在购入新的设备时可能会将企业原有设备进行处理而增加企业的营业外收入，从而表现为对资产收益率的正影响。

这个阶段由于技术准备是贡献最大的因素，故技术在此阶段对企业绩效的影响最为显著。对企业来说，前期信息技术的投入会显著地影响企业绩效。

（2）第 2 阶段的影响

在电子商务同化后期，企业开始进行层次更深、范围更广的电子商务与业务融合，能够支持与顾客、供应商、合作伙伴之间的电子协作，与第 1 阶段相比，成本大大降低，电子商务带来的效益充分体现出来，故表现为对资产收益率及营业利润率积极的影响。

这个阶段由于高管支持是贡献最大的因素，故高管支持对企业绩效的影响最为显著。在一定程度上，高层管理者对信息化的支持和参与程度以及规划和管理水平，决定了企业信息化绩效的高低。对企业来讲，要想获得更大的收益，必须提升高管对信息化管理的质量。

（3）两个阶段影响的比较

电子商务同化第 2 阶段对企业绩效的影响比第 1 阶段更为显著。即随着电子商务同化程度的提高，信息化对企业绩效的影响会越来越显著。

电子商务同化前期阶段由于信息技术的大量投入掩盖了信息化

价值创造，而进入后期阶段，在技术投入趋于饱和状况下信息化管理水平的质量决定了企业绩效的高低。这个结果在一定程度上解释了企业相同的信息化投资却带来不同价值的原因。

所以，企业在信息化实施中，尤其要注重加强电子商务同化前期阶段的信息技术投入和后期阶段的信息化管理水平。

6.6　本 章 小 结

本章信息化对企业绩效影响的研究目的是探索电子商务同化信息化关键因素影响的潜在不变性和对企业绩效的影响。研究提出了以电子商务同化为中介的信息化对企业绩效影响的测度模型并对其进行了实证检验。主要包括两方面的分析，一是电子商务同化不同阶段信息化因素影响的一致性，二是信息化实施在电子商务同化不同阶段对企业绩效的影响。

本章研究依据第 5 章的企业调查数据，通过筛选取 140 家样本数据，同时针对研究所涉及的变量进行了界定及说明，对研究的分析方法及过程进行了阐述。

首先，本书提出了一种企业电子商务同化的阶段模型和测度方法，并根据样本企业数据对其进行了检验和修正。其次，提出了以电子商务同化程度为中介的信息化对企业绩效影响的测度模型及假设命题，运用 SEM 的路径分析方法对所提出的测度模型进行了验证。最后，对以电子商务同化为中介的信息化关键因素影响的潜在不变性和对企业绩效的影响进行了分析和讨论。

本章研究的贡献在于：①提出一个电子商务同化程度的阶段模型，以及将电子商务同化程度作为中介变量的信息化对企业绩效影响的测度模型；②证实了信息化关键因素在电子商务同化整个过程中的影响存在不一致的观点；③揭示了电子商务同化不同阶段信息化对企业绩效影响的关键因素。

　　研究结果表明，电子商务同化前期阶段技术的投入或许掩盖了信息化价值创造，而随着电子商务同化的深入，信息化管理对价值创造的影响远高于技术投入的影响，在技术投入趋于饱和状态下信息化管理水平的高低决定了价值创造的多少，这在一定程度上解释了企业同样的信息化投资而创造不同价值的原因。研究结果对企业电子商务同化不同阶段优化信息化资源配置进而提升绩效有参考作用，为企业通过信息化有效实施加深电子商务同化进而提高企业绩效和制定科学合理的发展规划提供参考依据。

第7章 结论

本章回顾的主要工作，对主要研究成果进行总结，阐述主要贡献，最后分析在研究内容和研究方法上的局限。

7.1 总　　结

本书在借鉴吸收前人研究成果的基础上，结合中国信息化发展现状，对中国企业信息化绩效/行为影响测评问题进行了详细深入的分析和探讨。本书涉及的主要研究工作如下：

①绪论。介绍的背景，归纳研究意义和创新点。描述研究问题的背景、明确研究内容和结构，研究意义，提出研究目标以及研究方法和主要内容。

②文献研究。对国内外信息化绩效/行为影响测评研究进行了较为详细的文献综述，并界定了相关概念，指出现有研究存在的问题。

③理论与方法研究。对文献中相关研究的研究视角、研究理论、研究方法进行分析总结，旨在为本书中的研究提供理论依据、奠定理论基础。

④信息化测度指标体系研究。分析比较国内外典型的信息化统计调查研究现状及其指标体系情况，对于结合中国企业信息化发展实际情况，依据设计原则、相关理论和 TOE 框架，提出一个适合中国国情、与国际接轨的企业信息化测评体系设计框架，打下重要的理论基础。

⑤信息化对电子商务同化影响的实证研究。基于创新扩散理论、基于资源的观点和互补理论及 TOE 研究框架，以及基于业务流程的观点，提出一个企业信息化对电子商务同化影响的测度模型，并通过对陕西省传统实体企业信息化实施状况的调查和数据分析对模型进行了验证，确定其中关键影响因素。

⑥信息化对企业绩效的影响。依据前人的研究和相关理论基础，提出一个企业电子商务同化程度的概念和阶段模型，以及信息化—电子商务同化程度—企业绩效的研究模型，通过分析电子商务同化程度的前因后果，探索信息化通过电子商务同化程度对企业绩效产生的影响，以丰富信息化价值创造的理论机理。

7.2 研究贡献

企业信息化及其影响的测评研究，是信息化统计与测度研究领域的前沿课题，本书在以下方面有所贡献：

①对信息化测度的贡献：提出了一种度量"信息化水平"的新方法。文献存在"多从信息化投入视角测评信息化水平，而信息化投入不能代表企业实际信息化水平"的问题，本书依据 TOE 框架和相关理论所设计的信息化测度指标体系，能够综合、系统地反映企业信息化水平，从而解决了这一问题。

②对理论做出的贡献：验证了创新扩散框架及相关理论对复杂创新适应性的价值，并支持创新扩散的关键影响因素根据创新类型的不同而不同的观点。本书所阐述的信息化及其影响评估方法研究是在 TOE 框架下，依据基于资源的观点（基于人、财、物信息化资源视角）考察技术特征，基于互补理论考察组织特征（信息化领导层与战略管理以及企业资金规模），以及环境特征。

③对文献做出的贡献：将业务流程的观点扩展到信息技术实施。据文献查阅，本书所阐述的信息化及其影响评估方法研究首次将业务流程的视角运用到信息技术扩散、信息化影响实证研究领域，运用价值链上业务流程的电子化实施程度来测度企业信息化行为。

④从创新同化视角研究电子商务扩散，提出了业务流程视角的电子商务同化的概念和信息化对电子商务同化影响的测度模型，并提出电子商务同化程度的概念及其阶段划分方法。

⑤提出一种新的信息化价值创造的研究视角：通过电子商务同化程度研究信息化对企业绩效的影响，提出信息化—电子商务同化程度—企业绩效测度模型，分析电子商务同化程度在信息化对企业绩效影响中的中介作用，丰富了学术界信息技术价值创造的理论机理。

⑥对决策过程做出的贡献：一方面，研究成果对制定未来信息化战略规划提供参考，有助于企业更好地集成先进技术到传统价值链活动中以获取更大收益和竞争优势；另一方面，研究过程中充分考虑了适于统计、与国际接轨的需求，故研究成果可为政府信息化统计体系的建立和政府宏观调控提供企业层面的参考依据，为政府相关决策提供辅助支持。

7.3　研　究　局　限

本书在研究内容和研究方法上存在一些不足之处，主要问题概括如下：

- 测度模型：未考虑或可能遗漏了一些因素。
- 测量方法：有些因素的测量具有一定程度的主观性，企业绩效的测量缺乏多维度测度，不够全面。

●数据及结果：①样本数据取自中国西部企业，且样本量偏小，或许不能代表中国信息化实施整体现状，结果存在一定的偏向性；②样本取自横向截面数据，不能反映企业信息化实施的历史动态。

参 考 文 献

[1] Alam, S. S., A. Khatibi, M. I. S. Ahmad, H. B. Ismail. 2007. Factors affecting e-commerce adoption in the electronic manufacturing companies in Malaysia. International Journal of Commerce and Management, 17(1/2): 125 – 139.

[2] Alpar, P., M. Kim. 1990. A comparison of approaches to the measurement of IT value. Proceedings of the 22rd Annual Hawaii International Conference on System Sciences(Honolulu, Hawaii), 4: 112 – 119.

[3] Al – Qirim, N. 2007. The adoption of e-commerce communications and applications technologies in small businesses in New Zealand. Electron. Commer. R. A., 6(4): 462 – 473.

[4] Al – Qirim, N. 2005. An empirical investigation of an e-commerce adoption-capability model in small businesses in New Zealand, Electronic Markets, 15(4): 418 – 437.

[5] Anderson, M. C., R. D. Banker, S. Ravindran. 2000. Executive compensation in the information technology industry. Management Science, 46 (4): 530 – 547.

[6] Armstrong, C. P., V. Sambamurthy. 1999. Information technology assimilation in firms: The influence of senior leadership and IT infrastructures. Information Systems Research, 10(4): 304 – 327.

[7]Ashurst, C., A. Freer, J. Ekdahl, C. Gibbons. 2012. Exploring IT - enabled innovation: A new paradigm? International Journal of Information Management, 32(4): 326 - 336.

[8]Atrostic, B. K., P. Boegh - Nielsen, K. Motohashi, S. Nguyen. 2004. IT, productivity and growth in enterprises: evidence from new international micro data. In The Economic Impact of ICT - Measurement, Evidence and Implications, OECD, Paris.

[9]Bayer, J., N. Melone. 1989. A critique of diffusion theory as a managerial framework for understanding the adoption of software engineering innovation. Journal of Systems and Software, 9(2): 161 - 166.

[10]Bakos, J. Y., B. R. Nault. 1997. Ownership and investment in electronic networks. Information Systems Research, 8(4): 321 - 341.

[11]Baldwin, J. R., D. Sabourin. 2002. Impact of the adoption of advanced information and communication technologies on firm performance in the Canadian manufacturing sector. STI Working Paper 2002/1, OECD, Paris.

[12]Banker, R. D., R. J. Kauffman, R. C. Morey. 1990. Measuring input productivity gains from information technology: a case study of Positran at Hardee's Inc. Proceedings of the 23rd Annual Hawaii International Conference on System Sciences, 4:120 - 126.

[13]Banker, R. D., R. J. Kauffman. 1988. Strategic contributions of information technology: an empirical study of ATM networks. Proceedings of the Ninth International Conference on Information Systems, Minneapolis, MN.

[14]Barki, H., J. Hartwick. 1994. Measuring user participation, user involvement, and user attitude. MIS Quarterly, 18(1): 59 - 82.

[15]Barua, A., B. Lee. 1997. An economic analysis of the introduction of an electronic data interchange system. Information Systems Research, 8(4):

321 – 341.

[16] Barua, A., C. H. Kriebel, T. Mukhopadhyay. 1995. Information technologies and business value: An analytic and empirical investigation. Information Systems Research, 6(1): 3 – 23.

[17] Benitez – Amado, J., R. M. Walczuch, 2012. Information technology, the organizational capability of proactive corporate environmental strategy and firm performance: a resource-based analysis. European Journal of Information Systems, 21(6): 664 – 679.

[18] Bertschek, I., H. Fryges. 2002. The adoption of business-to-business e-commerce: empirical evidence for German companies. Social Science Electronic Publishing.

[19] Berndt, E. R., C. J. Morrison. 1995. High-tech capital formation and economic performance in U. S. manufacturing industries: an exploratory analysis. Working Papers, 65(1): 9 – 43.

[20] Bharadwaj, A. S. 2000. A resource-based perspective on information technology capability and firm performance: An empirical investigation. MIS Quarterly, 24(1): 169 – 196.

[21] Black, S., L. Lynch. 2001. How to compete: the impact of workplace practices and information technology on productivity. Review of Economics and Statistics, 83(3): 434 – 445.

[22] Bresnahan, T., E. Brynjolfsson, L. Hitt. 2002. Information technology, workplace organization, and the demand for skilled labor: firm-level evidence. Quarterly Journal of Economic, 117(1): 339 – 376.

[23] Brynjolfsson, E. 2010. The four ways IT is revolutionizing innovation. MIT Sloan Management Review, 51(3): 51 – 56.

[24] Brynjolfsson, E. 2000. A resource-based perspective on information

technology capability and firm performance: an empirical investigation. MIS Quarterly, 24(1): 169 – 196.

[25]Brynjolfsson, E. 1996. The Contribution of information technology to consumer welfare. Information Systems Research, 7(3): 281 – 300.

[26]Brynjolfsson, E. 1993. The productivity paradox of information technology: review and assessment. Communications of ACM, 36(12): 67 – 77.

[27] Brynjolfsson, E., L. Hitt. 2000. Beyond computation: information technology, organizational transformation and business performance. Journal of Economic Perspectives, 14, (4): 23 – 48.

[28]Brynjolfsson, E., L. Hitt, S. Yang. 1998. Intangible assets: how the interaction of information systems and organizational structure affects stock market valuation. In Proceedings of the International Conference on Information Systems, Helsinki, Finland, Aug.

[29]Brynjolfsson, E., L. Hitt. 1996. Paradox lost? Firm-level evidence on the returns to information systems spending. Managent Science, 42(4): 541 – 558.

[30]Brynjolfsson, E., L. Hitt. 1994. Computers and economic growth: Firm-level evidence. MIT Sloan School of Management, Working Paper No. 3714, August.

[31]Brynjolfsson, E., S. Yang. 1999. The Intangible costs and benefits of computer investments: evidence from the financial markets. Proceedings of the International Conference on Information Systems, Atlanta, Georgia.

[32] Brynjolfsson, E., S. Yang. 1996. Information technology and productivity: a review of the literature. Advances in Computers, 43(8), 179 – 214.

［33］Campbell, J. P. 1977. On the natural of organizational effective-
ness, CA:Jossey – Bass, San Francisco.

［34］Chatfield, A., N. B. Anderson. 1997. The impact of IOS – ena-
bled business process change on business outcomes:transformation of the
value chain of Japan airlines. Journal of management Information Systems,
14(1): 13 – 40.

［35］Chatterjee, D., R. Grewal, V. Sambamurthy. 2002. Shaping up
for e-commerce:institutional enablers of the organizational assimilation of
web technologies. MIS Quarterly, 26(2): 65 – 89.

［36］Chau, P. Y. K. 2001. Influence of computer attitude and self-effica-
cy on IT usage behavior. Journal of End User Computing, 13(1): 26 – 33.

［37］Chau, P. Y. K., K. Y. Tam. 1997. Factors affecting the adoption of
open systems:an exploratory study. MIS Quarterly, 21(1): 1 – 21.

［38］Chan, F., A. Chong, L. Zhou. 2012. An empirical investigation of
factors affecting e-collaboration diffusion in SMEs, Int. J. Prod. Econ, 138
(2): 329 – 344.

［39］Chan, Y. E., S. L. Huff, D. W. Barclay, et al. 1997. Business stra-
tegic orientation, information systems strategic orientation, and strategic align-
ment. Information Systems Research, 8(2): 125 – 150.

［40］Chen J., R. J. McQueen. 2008. Factors affecting e-commerce stages
of growth in small Chinese firms in New Zealand:an analysis of adoption
motivators and inhibitors. Journal of Global Information Management, 16
(1): 26 – 60.

［41］Chin, W. W., A. Gopal. 1995. Adoption intention in GSS rela-
tive importance of beliefs. Data Base, 26(2&3): 42 – 63.

［42］Chong, S., G. Pervan. 2007. Factors influencing the extent of deployment of electronic commerce for small and medium-sized enterprise. Journal of Electronic Commerce in Organizations, 5(1): 1 –29.

[43]Chwelos, P., I. Benbasat, A. S. Dexter. 2001. Research report: empirical test of an EDI adoption model. Information Systems Research, 12 (3): 304 –321.

[44]Clemons, E., P. R. Kleindorfer. 1992. An economic analysis of interorganizational information technology. Decision Support Systems, 8 (5): 431 –446.

[45]Clayton, T. 2008. ICT impact indicators:Linking data from different sources[J]. Geneva, May 2008, at:http://new. unctad. org/upload/

[46]Clayton, T. 2002. Towards a Measurement Framework for International e – Commerce Benchmarking. at:http://www. statistics. gov. uk/.

[47]Commission of the European Communities. 2005. i2010 – a European Information Society for Growth and Employment[R]. COM(2005)229, Brussels.

[48] Commission of the European Communities. 2002. eEurope 2005: Benchmarking Indicators[R]. COM(2002)655, Brussels.

[49] Commission of the European Communities. 2000. List of eEurope Benchmarking indicators[R]. ECO 338, Brussels.

[50]Cooper, R. B., R. W. Zmud. 1990. Information technology implementation research:A technological diffusion approach. Management Science, 36 (2): 123 –139.

[51]Cron, W. L., M. G. Sobol. 1983. The relationship between computerization and performance:A strategy for maximizing the economic benefits of computerization. Information and Management, 6(3): 171 –181.

[52] Damanpour, F. 1991. Organizational innovation: A meta-analysis of effects of determinants and moderators. The Academy of Management Journal, 34(3), 555 – 590.

[53] Damanpour, F., M. Schneider. 2006. Phases of the adoption of innovation in organizations: effects of environment, organization and top managers. British Journal of Management, 17(3): 215 – 236.

[54] Dasgupta, S., D. Agarwal, A. Ioannidis, et al. 1999. Determinants of information technology adoption: An extension of existing models to firms in a developing country. J. Global Inf. Manage. ,7(3): 30 – 40.

[55] Davenport, T. H. 1993. Process innovation: reengineering work through information technology[M]. Harvard Business School Press, Boston.

[56] Davis, F. D. 1989. Perceived usefulness, perceived ease of use, and user acceptance of information technology. MIS Quarterly, (13): 319 – 340.

[57] Dehning, B., T. Stratopoulos. 2002. Dupont analysis of an IT – enabled competitive advantage. The International Journal of Accounting Information Systems, 3(3): 165 – 176.

[58] Delaney, J. T., M. A. Huselid. 1996. The impact of human resource management Practices on Perceptions of Organizational Performance. Academy of Management Journal, 39(4): 949 – 969.

[59] Demirag, I. S. 1997. How UK companies measure overseas performance accountancy, Accountancy, 99: 101 – 103.

[60] Devaraj, S., R. Kohli. 2003. Performance impacts of information technology: Is actual usage the missing link? Management Science, 49 (3): 273 – 289.

[61] Dewan, S., K. L. Kraemer. 2000. Information technology and pro-

ductivity:evidence from country-level data. Management Science, 46(4):
548 - 562.

[62] Dewar, R. D., J. E. 1986. Dutton. The adoption of radical and
incremental innovations:An empirical analysis. Management Science, 32
(11): 1422 - 1433.

[63] Dieweri, W. E., A. M. Smith. 1994. Productivity measurement for
a distribution firm. National Bureau of Economic Research Working Paper,
5: 335 - 347.

[64] Dos Santos, B. L., K. Peffers. D. C. Mauer. 1993. The impact of
information technology investment announcements on the market value of
the firm. Information Systems Research, 4(1): 1 - 23.

[65] Eurostat. 2016. Methodological Manual for Information Society
Statistics - Survey Year 2016[R]. at:https://circabc. europa. eu/faces/
jsp/extension/wai/navigation/container. jsp.

[66] Feeny, D., L. Willcocks. 1998. Core IS capabilities for exploi-
ting information technology. Sloan Management Review, 39(3): 9 - 21.

[67] Fichman, R. G., C. F. Kemerer. 1999. The illusory diffusion of
innovation:An examination of assimilation gaps, Information Systems Re-
search, 10(3): 255 - 275.

[68] Fillis, I., U. Johannson, B. Wagner, et al. 2004. Factors impac-
ting on e-business adoption and development in the smaller firm. Interna-
tional Journal of Entrepreneurial Behaviour & Research, 10(3): 178 - 191.

[69] Francalanci, C., H. Galal. 1998. Information technology and
worker composition:determinants of productivity in the life insurance in-
dustry. MIS Quarterly, 22(2): 227 - 241.

[70] Franke, R. H. 1987. Technological revolution and productivity de-

cline:computer introduction in the financial industry. Technological Forecasting and Social Change, 31(2): 143 –154.

［71］Fichman, R. G. 1992. Information technology diffusion:areview of empirical research. Proceedings of the 13th International Conference on Information Systems, 195 –206.

［72］Gallivan, M. J. 2001. Organizational adoption and assimilation of complex technological innovations:Development and application of a new framework. The Data Base for Advances in Information Systems, 32(3): 51 –85.

［73］Gera, S., W. Gu. 2004. The effect of organizational innovation and information technology on firm performance. International Productivity Monitor, 9: 37 –51.

［74］Ghobakhloo, M., D. Arias – Aranda, J. Benitez – Amado. 2011. Adoption of e-commerce applications in SMEs. Industrial management & Data Systems, 111(8): 1238 –1269.

［75］Gibbs, J. L., K. L. Kraemer. 2004. A cross-country investigation of the determinants of scope of e-commerce use:An institutional approach. Electronic Markets, 14(2): 124 –137.

［76］Griliches, Z. 1995. Comments on measurement issues in relating IT expenditures to productivity growth. Economics of Innovation and New Technology, 3(3 –4): 317 –321.

［77］Grover, V., M. D. Goslar. 1993. The initiation, adoption, and implementation of telecommunications technologies in U. S. organizations. Journal of Management Information Systems, 10(1): 141 –163.

［78］Hammer, M. 2002. Process management and the future of sixsigma. Sloan Management Review, 43(2): 26 –32.

[79]Harris, S. E., J. L. Katz. 1989. Predicting organizational perform-ance using information technology managerial control ratios. In Proceedings of the Twenty – Second Hawaiian International Conference on System Sci-ence(Honolulu, Hawaii), 4:197 – 204.

[80]Herrero Crespo, A., I. Rodriguez del Bosque. 2010. The influence of the commercial features of the Internet on the adoption of e-commerce by con-sumers. Electronic Commerce Research and Applications, 9(6): 562 – 575.

[81]Hong, W., K. Zhu. 2006. Migrating to internet-based e-commerce: factors affecting e-commerce adoption and migration at the firm level. Informa-tion and Management, 43(2): 204 – 221.

[82]Hossain, M. D., J. Moon, et al. 2011. Impacts of organizational assimilation of e-government systems on business value creation: A structu-ration theory approach. Electronic Commerce Research and Applications, 10(5): 576 – 594.

[83]Hsu, P. F., K. L. Kraemer, D. Dunkle. 2006. Determinants of e-business use in US firms. International Journal of Electronic Commerce, 10(4): 9 – 45.

[84]Iacovou, C. L., I. Benbasat, A. S. 1995. Dexter. Electronic data interchange and small organizations: adoption and impact of technology. MIS Quarterly, 19(4): 465 – 485.

[85]Ifinedo, P. 2011. An empirical analysis of factors influencing In-ternet/e-business technologies adoption by SMES in Canada. International Journal of Information Technology & Decision Making, 10(4): 731 – 766.

[86]Igbaria, M., N. Zinatelli, P. Cragg, A. L. M. Cavaye. 1997. Personal computing acceptance factors in small firms: astructural equation model. MIS Quarterly, 21(3): 279 – 305.

［87］Igbaria, M., T. Guimaraes, and G. B. Davis. 1995. Testing the determinants of microcomputer usage via a structural equation model. Journal of Management Information Systems, 11(4): 87 – 114.

［88］Im, K. S., K. E. Dow, V. Grover. 2001. Research report: A re-examination of IT investment and the market value of the firm-an event study methodology. Information Systems Research, 12(1): 103 – 117.

［89］Jackson, C. M., S. Chow, R. A. Leitch. 1997. Toward an understanding of the behavioral intention to use an information system. Decision Sciences, 28(2): 357 – 389.

［90］Jalilvand, M. R., N. Samiei. 2012. The impact of electronic word of mouth on a tourism destination choice. Internet Research, 22(5): 591 – 612.

［91］Jorgenson, D. W., K. Strich. 1995. Computers and growth. Economics of Innovation and New Technology, (3): 295 – 316.

［92］Kaefer, F., E. Bendoly. 2004. Measuring the impact of organizational constraints on the success of business-to-business e-commerce efforts: A transactional focus. Information & Management, 41(5): 529 – 541.

［93］Kaplan, R. S., D. P. Norton. 2001. Transforming the balanced scorecard from performance measurement to strategic management: Part I. American Accounting Association, Accounting Horizons, 15(1): 87 – 104.

［94］Kalakota, R., A. B. Whinston. 2000. Electronic Commerce: A Manager's Guide. New York: Addison – Wesley Publishing.

［95］Kauffman R. J., P. Weill. 1989. An evaluative framework for research on the performance effects of information technology investment. Proceedings of the Tenth International Conference on Information Systems, 377 – 388.

[96] Kettinger, W. J., C. C. Lee. 1994. Perceived service quality and user satisfaction with the information service function. Decision Sciences, 25(5): 737 –766.

[97] Kim, H. B., T. G. Kim, S. W. Shin. 2009. Modeling roles of subjective norms and e-turst in customers' acceptance of airline B2C e-commerce websites. Tourism Management, 30(2): 267 –277.

[98] Kim, H. M., R. Rajani. 2004. Best practices in e-business process management: Extending a re-engineering framework. Business Process Management Journal, 10(1): 17 –27.

[99] Kimberly, J. R., M. J. Evanisko. 1981. Organizational innovation:The influence of individual, organizational, and contextual factors on hospital adoption of technological and administrative innovations. Academy of Management Journal, 24(4): 689 –713.

[100] Kimberly, J. 1976. Organizational size and the structuralist perspective:A review, critique and proposal. Administrative Science Quarterly, 21(4): 571 –597.

[101] King W. R., T. S. H. Teo. 1997. Integration between business planning and information systems planning: validating a stage hypothesis. Decision Sciences, 28(2): 279 –308.

[102] Kivijarvi, H., T. Saarinen. 1995. Investment in information systems and the financial performance of the firm. Information & Management, 28(2): 143 –163.

[103] Kohli R., Grover V. 2008. Business value of IT: an essay on expanding research directions to keep up with the times[J]. Journal of the Association for Information Systems, 9(1): 23 –39.

[104] Kraemer, K., J. Dedrick. 1999. Payoffs from investments in in-

formation technology lessons from Asia Pacific Region. World Development, 22(12): 1921 – 1931.

[105]Kuan, K. K. Y., P. Y. K. Chau. 2001. A perception-based model for EDI adoption in small business using a technology-organization-environment framework. Information & Management, 38(8): 507 – 512.

[106]Kumar, S., P. Petersen. 2006. Impact of e-commerce in lowering operational costs and raising customer satisfaction. Journal of Manufacturing Technology Management, 17(3): 283 – 302.

[107]Kurnia, S., R. J. Karnali, M. M. Rahim, 2015. A qualitative study of business-to-business electronic commerce adoption within the Indonesian grocery industry: A multi-theory perspective. Information & Management, 52(4): 518 – 536.

[108]Kwon, T., R. Zmud. 1987. Unifying the fragmented models of information systems implementation[M]. In Critical Issues in Information Systems Research, R. J. Boland and R. A. Hirschheim(eds.), John Wiley and Sons Ltd., 227 – 251.

[109]Lederer, A. L., D. J. Maupin, M. P. Sena, Y. Zhuang. 2000. The technology acceptance model and the world wide web. Decision Support Systems, 29(3): 269 – 282.

[110]Lee, J. 2002. Operational linkage between diverse dimensions of information technology investments and multifaceted aspects of a firm's economic performance. Journal of Information Technology, 17(3): 119 – 131.

[111]Lee, B., A. Barua. 1999. An integrated assessment of productivity and efficiency impacts of information technology investments: Old data, new analysis and evidence. Journal of Productivity Analysis, 12(1): 21 – 43.

[112]Lee, C. S. 2001. Modeling the business value of information

technology. Information and. Management, 39(3): 191 –210.

[113]Lee, Y., K. E. Kozar, K. Larsen. 2003. The technology acceptance model:Past, present, and future. Communications of the AIS , (12): 752 –780.

[114]Lefebvre L. A., E. Lefebvre, E. Elia, et al. 2005. Exploring B – to – B e-commerce adoption trajectories in manufacturing SMEs. Technovation, 25(12): 1443 –1456.

[115]Lehr, B., F. Lichtenberg. Information technology and impact on productivity:Firm level evidence form government and private data sources 1977 –1993. Canadian Journal of Economic Revue, 32(2): 335 –362.

[116]Liang, H. , N. Saraf, Q. Hu, et al. 2007. Assimilation of enterprise Systems:The effect of institutional pressures and the mediating role of top management, MIS Q. ,31(1): 59 –87.

[117]Lichtenberg, F. 1995. The output contributions of computer equipment and personnel:A firm level analysis. The Journal of Economics Innovation and Technology, 3(4): 201 –217.

[118]Lim, J., B. Dehning, V. Richardson, R. Smith. 2011. A meta-analysis of the effects of IT investment on firm financial performance. Journal of Information systems, American Accounting Association, 25(2): 145 –169.

[119]Lin, H. F., S. M. Lin. 2008. Determinants of e-business diffusion:A test of the technology diffusion perspective. Technovation, 28(3): 135 –145.

[120]Lin, H. F. 2014. Understanding the determinants of electronic supply chain management system adoption:Using the technology organization environment framework. Technological Forecasting & Social Change, 86(340): 80 –92.

[121] Loveman, G. W. 1994. An assessment of the productivity impact of information technologies, in T. J. Allen, and M. S. Scott Morton, (Ed.), Information Technology and the Corporation of the 1990s: Research Studies[M]. NY: Oxford University Press, 84 – 110.

[122] Lucas, H. C. 1993. The business value of information technology: an historical perspective and thoughts for future research. In Banker and Kaufman, Strategic information technology management. IGI Global, 359 – 374.

[123] Luftman, J. N., K. Rajkumar. 2007. An update on business – IT alignment: "A Line" has been drawn. MIS Quarterly Executive, 6(3): 165 – 177.

[124] Luftman, J. N. 2000. Assessing business – IT alignment maturity. Communications of the Association for Information Systems, 4(14): 1 – 51.

[125] Madu, C. N., C. H. Kuei, R. A. Jacobs. 1996. An empirical assessment of the influence of quality dimension on organizational performance. Internal Journal of Production Research, 34(7): 1943 – 1962.

[126] Magal, S. R., M. Feng, P. A. Essex. 2001. An exploratory study of web-based electronic commerce applications. Journal of Information Technology Theory and Application, 3(5): 1 – 24.

[127] Mahmood, M. A., G. J. Mann. 1993. Measuring the organizational impact of information technology investment: An exploratory study. Journal of Management Information Systems, 10(1): 97 – 122.

[128] Mahmood, M. A., G. J. Mann. 2005. Information technology investments and organizational productivity and performance: an empirical investigation. Journal of Organizational Computing and Electronic Commerce, 15(3): 185 – 202.

[129]Markus, M. L., C. Soh. 1993. Banking on information technology:converting IT spending into firm performance. IGI Global, 375 – 403.

[130]Martins L. L., A. Kambil. 1999. Looking back and thinking ahead: Effects of prior success on managers' interpretations of new information technologies. Academy of Management Journal, (6): 652 – 661.

[131]Mata, F. J., W. L. Fuerst, J. B. Barney. 1995. Information technology and sustained competitive advantage:a resource-based analysis. MIS Quarterly, 19(4): 487 – 505.

[132]Matta, V., D. Koonce, A. Jeyaraj. 2012. Initiation, experimentation, implementation of innovations:The case for radio frequency identification systems. International Journal of Information Management, 32(2): 164 – 174.

[133]Melville, N., K. Kraemer, V. Gurbaxani. 2004. Review:Information technology and organizational performance:An integrative model of IT business value. MIS Quarterly, 28(2): 283 – 322.

[134]Meyer, A. D., J. B. Goes. 1988. Organizational assimilation of innovations: A multilevel contextual analysis. Academy of Management Journal, 31(4): 897 – 923.

[135]Milgrom, P., J. Roberts. 1990. The economics of modern manufacturing:technology, strategy and organization. American Economic Review, 80(3): 511 – 528.

[136]Miller, L., L Paramoure. 2005. Perceptions of training and non-training managers of organizational impact measures based on design intent. International Journal of Business Data Communications & Networking, 1(1): 17 – 32.

[137]Moore,G. C., I. Benbasat. 1991. Development of an instrument to measure the perceptions of adopting an information technology innova-

tion. Information System Research, 2(3): 192 −222.

[138] Morrison, C. J. 1991. Assessing the productivity of information technology equipment in U. S. manufacturing industries. Review of Economics & Statistics, 79(3): 471 −481.

[139] Mishra, A. N. and R. Agarwal, 2010. Technological Frames, Organizational Capabilities, and IT Use: An Empirical Investigation of Electronic Procurement, Information Systems Research, 21(2): 249 −270.

[140] Mithas, S., N. Ramasubbu, et al. 2011. How information management capability influences firm performance. MIS Quarterly, 35(1): 137 − A115.

[141] Mitra, S., V. Sambamurthy, et al. 2011. Measuring IT performance and communication value. MIS Quarterly. Executive, 10(1): 47 −59.

[142] Montazemi, A. R., K. M. Gupta. 1996. An adaptive agent for case description in diagnostic CBR systems. Computers in Industry, 29 (3): 209 −224.

[143] Muhanna, W. A., M. D. Stoel. 2010. How do investors value IT? An empirical investigation of the value relevance ofIT capability and IT spending across industries. Journal of Information Systems, 24(1): 43 −66.

[144] National Science Foundation & National Science Board. 2000. Science and engineering indicators 2000 report(vol. 1). Arlington, VA: National Science Foundation.

[145] Nkomo, S. M. 1987. Human resource planning and organization performance: An exploratory analysis. Strategic Management Journal, 8 (4): 387 −392.

[146] OECD. 2013. The OECD Model Survey on ICT Usage: 2nd Revision(2013) [R]. OECD, 2015. at: http://www. oecd. org/internet/iec-

onomy/measuringtheinformationeconomy. htm.

[147] OECD. 2011. OECD Guide to Measuring the Information Society 2011. OECD Publishing. at: http://dx. doi. org/10. 1787/10. 1787/9789264113541 – en.

[148] OECD. 2005a. ICT Access and Use by Households and Individuals: Revised OECD Model Survey [R]. DSTI/ICCP/IIS(2005)3, Paris.

[149] OECD. 2005b. ICT Use by Businesses: Revised OECD Model Survey [R]. DSTI/ICCP/IIS(2005)2, Paris.

[150] OECD. 2003. A Framework Document for Information Society Measurements and Analysis [R]. DSTI/ICCP/IIS, Paris.

[151] OECD. 2002. Measuring ICT Usage and Electronic Commerce in Households by Individuals: A Model Questionnaire [R]. DSTI/ICCP/IIS(2002)1, Paris.

[152] OECD. 2001. Measuring ICT Usage and Electronic Commerce in Enterprises: Proposal for A Model Questionnaire on ICT Usage [R]. DSTI/ICCP/IIS(2001)2, Paris.

[153] OECD. 2000. Defining and Measuring Electronic Commerce: A Provisional Framework and Follow – up Strategy [R]. DSTI/ICCP/IE/IIS (2000)3/REV1, Paris.

[154] OECD. 1999. Defining and Measuring E – Commerce [R]. DSTI/ICCP/IIS(99)4, Paris.

[155] OECD. 1998. A Proposal for ACore List of Indicators for ICT Measurement [R]. http://www. oecd. org/sti/.

[156] Oliner, S. D., D. E. Sichel, J. E. Triplett, et al. 1994. Computers and output growth revisited: How big is the puzzle? Brookings Papers on Economic Activity, 25(2): 273 –334.

[157] Oliveira, T., M. F. Martins. 2010. Understanding e-business adop-

tion across industries in European countries. Industrial Management & Data Systems, 110(8 −9): 1337 −1354.

[158] ONS. 2014. Measuring E − Commerce:2014[R]. at:https://www.gov.uk/government/statistics/announcements/measuring-e-commerce − 2014.

[159] Oman, R. C., T. Ayers. 1988. Productivity and benefit-cost analysis for information technology decisions. Information Management Review, 3(3): 31 −41.

[160] Orlikowski, W. J., J. D. Hofman. 1997. An improvisational model for change management: the case of groupware technologies. Sloan Management Science, 38(2): 11 −21.

[161] Parsons, D. J., C. C. Gotlieb, M. Denny. 1993. Productivity and computers in Canadian banking. Journal of Productivity Analysis, 4(1): 95 −113.

[162] Porter, M. E., V. E. Millar. 1985. How Information Gives You Competitive Advantage[M]. Harvard Business Review, July/August.

[163] Prahalad, C. K., G. Hamel. 1993. The core competence of the corporation. Harvard Business Review, 68(3): 275 −292.

[164] Premkumar, G., M. Potter. 1995 Adoption of computer-aided software engineering(CASE) technology: an innovation adoption perspective. DATA BASE Advances, 26(2 −3): 105 −124.

[165] Premkumar, G., M. Roberts. 1999. Adoption of new information technologies in rural small businesses. OMEGA: International Journal of Management Science, 27(4): 467 −484.

[166] Premkumar, G., K. Ramamurthy. 1995. The role of interorganizational and organizational factors on the decision mode for adoption of in-

terorganizational systems. Decision Science, 26(3): 303 –336.

[167]Premkumar, G., K. Ramamurthy, S. Nilakanta. 1994. Implementation of electronic data interchange: An innovation diffusion perspective. Journal of Management Information Systems, 11(2): 157 –186.

[168]Prescott, M. B., S. A. Conger. 1995. Information technology innovations: A classification by IT locus of impact and research approach. ACM SIGMIS Database, 26(2): 20 –41.

[169]Rahayu, R., J. Daya. 2015. Determinant factors of e-commerce adoption by SMEs in developing country: evidence from Indonesia. Procedia – Social and Behavioral Sciences, 195:142 –150.

[170]Ramdani, B., D. Chevers, D. A. Williams. 2013. SMEs' adoption of enterprise applications: a technology-organisation-environment model. Journal of Small Business and Enterprise Development, 20(4): 735 –753.

[171]Rai, A., R. Patnayakuni, N. Patnayakuni. 1996. Refocusing realized: where and how IT value is an empirical investigation. Omega, 24 (4): 399 –412.

[172]Rai, A., D. S. Bajwa. 1997. An empirical investigation into factors relating to the adoption of executive information systems: An analysis of EIS for collaboration and decision support. Decision Sciences, 28(4): 939 –974.

[173]Rai, A., R. Patnayakuni, N. Patnayakuni. 1997. Technology and business performance. Communication of the ACM, 40(7): 89 –97.

[174]Rajagopal, P. 2002. An innovation-diffusion view of implementation of enterprise resource planning systems and development of a research model. Information and. Management, 40(2): 87 –114.

[175]Ramamurthy, K., G. Premkumer, M. R. Crum. 1999. Organi-

zational and interorganizational determinants of EDI diffusion and organizational performance: A causal model. Journal of Oraganizational Computing and Electronic Commerce, 9(4): 253 – 285.

[176] Ranganathan, C., J. S. Dhaliwal, T. S. H. Teo. 2004. Assimilation and diffusion of Web technologies in supply-chain management: An examination of key drivers and performance impacts. International Journal of Electronic Commerce, 9(1): 127 – 161.

[177] Roach, S. S. 1989. America's white-collar productivity dilemma. Manufacturing Engineering, August: 104.

[178] Rogers, E. M. 2003. Diffusion of Innovations[M]. New York: Free Press.

[179] Ross, J. W., C. M. Beach, D. L. Goodhue. 1996. Develop long term competitiveness through IT assets. Sloan Management Review, 38 (1): 31 – 42.

[180] Sethi, V., W. R King. 1994. Development of measures to assess the extent to which an information technology application provides competitive advantage. Management Science, 40(12): 1601 – 1627.

[181] Sadowski, B. M., C. Maitland, J. V. Dongen. 2002. Strategic use of the Internet by small and medium-sized companies: An exploratory study, Information Economics and Policy, 14(1): 75 – 93.

[182] Srinivasan, R., G. L. Lilien, A. Rangaswamy. 2002. Technological opportunism and radical technology adoption: An application to e-business. Journal of Marketing, 66(3): 47 – 60.

[183] Sambamurthy, V., A. Bharadwaj, V. Grover. 2003. Shaping agility through digital options: Reconceptualizing the role of IT in contemporary firms. MIS Quarterly, 27(2): 237 – 263.

[184] Santhanam, R., E. Hartono. 2003. Issues in linking information technology capability to firm performance. MIS Quarterly, 27(1): 125 –153.

[185] Schilling, M. A. 1998. Technological lockout: An integrative model of the economic and strategic factors driving technology success and failure. Academy of Management Review, 23(2): 267 –284.

[186] Schreyer, P. 2001. Information and communication technology and the measurement of volume output and final demand. Economics of Innovation and New Technology, 10:339 –376.

[187] Schreyer, P. 2000. The contribution of information and communication technology to output growth: a study of the G7 countries. General Information.

[188] Schryen, G. 2010. An analysis of literature reviews on IS business value: how deficiencies in methodology and theory use resulted in limited effectiveness. Lecture Notes in Business Information Processing, 2010, 60:139 –155.

[189] Stratopoulos, T., B. Dehning. 2000. Does successful investment in information technology solve the productivity paradox? Information and Management, 38(2): 103 –117.

[190] Straub, D. W., R. T. Watson. 2001. Research commentary: Transformational issues in researching IS and net-enabled organizations. Information Systems Research, 12(4): 337 –345.

[191] Seashore, S. E., Y. Ephraim. 1967. Factorial analysis of organizational performance. Administrative Science Quarterly, 12(3): 377 –395.

[192] Siegel, D. 1997. The impact of computers on manufacturing productivity growth: a multiple-indicators, multiple-causes approach. Review of Economics and Statistics, 79(1): 68 –78.

［193］Sila, I., D. Dobni. 2012. Patterns of B2B e-commerce usage in SMEs. Industrial Management & Data Systems, 112(8): 1255 – 1271.

［194］Smith, H. A., J. D. McKeen. 1993. How does information technology affect business value? A reassessment and research propositions. Canadian Journal of Administrative Sciences, 10(3): 229 – 240.

［195］Soto – Acosta, P., A. L. Merono – Cerdan. 2009. Evaluating internet technologies business effectiveness. Telematics and Informatics, 26 (2): 211 – 221.

［196］Steers, R. M. 1975. Problems in the measurement of organizational effectiveness. Administrative Science Quarterly, 20(4): 546 – 558.

［197］Strassmann, P. A. 1985. Information payoff? The transformation of work in the electronic age[M]. New York: The Free Press.

［198］Swanson, E. B., N. C. Ramiller. 2004. Innovating mindfully with information technology. MIS Quarterly, 28(4): 553 – 583.

［199］Swanson, E. B. 1994. Information systems innovation among organizations. Management Science, 40(9): 1069 – 1092.

［200］Taylor, S., P. A. Todd. 1995. Understanding information technology usage: A test of competing models. Information Systems Research, 6 (2): 145 – 176.

［201］Tam, K. 1998. Analysis of firm-level computer investments: a comparative study of three Pacific Rim economies. IEEE Transactions on Engineering Management, 45(3): 276 – 286.

［202］Tallon, P. P, K. L Kraemer, V. Gurbaxani, J. Mooney. 1997. A multidimensional assessment of the contribution of information technology to firm performance. Proceedings of the Fifth European Conference on Information Systems, Cork, UK.

[203] Teece, D. J., G. Pisano, A. Shuen. 1997. Dynamic capabilities and strategic management. Strategic Management Journal, 18(7): 509 –533.

[204] Tehan, R.. 2003. E – Commerce Statistics: Explanation and Sources[R], http://www. census. gov/.

[205] Teo, H. H., K. K. Wei, I. Benbasat, 2003. Predicting intention to adopt interorganizational linkages: an institutional perspective. MIS Quarterly, 27(1): 19 –49.

[206] Teo, T. S. H., M. Tan, K. B. Wong. 1998. A contingency model of internet adoption in Singapore. International Journal of Electronic Commerce, 2(2): 95 –118.

[207] Teo, T. S. H., V. K. G. Lim, R. Y. C. Lai. 1999. Intrinsic and extrinsic motivation in Internet esage. Omega, 27(1): 25 –37.

[208] Thatcher, M. E., J. R. Oliver. 2001. The impact of technology investments on a firm's production efficiency, product quality, and productivity. Journal of Managent Information Systems, 18(2): 17 –45.

[209] Thong, J. Y. L. 1999. An integrated model of information systems adoption in small businesses. Journal of Management Information Systems, 15 (4): 187 –214.

[210] Tippins, M. J., R. S. Sohi. 2003. IT competency and firm performance: is organizational learning a missing link? Strategic Management Journal, 24(8): 745 –761.

[211] Tornatzky, L. G., M. Fleischer. 1990. The Processes of Technological Innovation. Lexington, MA: Lexington Books, 152 – 154.

[212] Tornatzky, L. G., K. J. Klien. 1982. Innovation characteristics and innovation adoption implementation: A meta-analysis of findings. IEEE Transactions on Engineering Management, 29(1): 28 –45.

［213］U. S. Census Bureau. 2016. E – Stats 2014 Report：Measuring the Electronic Economy［R］. at：http：//www. census. gov/library/publications/2016/econ/e14 – estats. html.

［214］U. S. Department of Commerce. 1999. The Emerging Digital Economy［R］. at：http：//www. ecommerce. gov.

［215］Vargasa, A., M. J. Hernandez, S. Bruque. 2003. Determinants of information technology competitive value. Evidence from a western European industry. Journal of High Technology Management Research, 14(3)：245 – 268.

［216］Venkatesh, V. 2000. Determinants of perceived ease of use integrating control, intrinsic motivation, and emotion into the technology acceptance model. Information Systems Research, 11(4)：342 – 365.

［217］Venkatesh, V., F. D. Davis. 2000. A theoretical extension of the technology acceptance model：four longitudinal field studies［J］. Management Science, 45(2)：186 – 204.

［218］Vilaseca – Requena, J., J. Torrent – Sellens, A. Meseguer – Artola, et al. 2007. An integrated model of the adoption and extent of e-commerce in firms. International Advances in Economic Research, 13(2)：222 – 241.

［219］Vowles, N., P. Thirkell, A. Sinha. 2011. Different determinants at different times：B2B adoption of a radical innovation. Journal of Business Research, 64(11)：1162 – 1168.

［220］Wade, M., J. Hulland. 2004. The resource-based view of information systems research：review, extension, and suggestions for future research. MIS Quarterly, 28(1)：107 – 142.

［221］Wang, Y. 2009. E – Business Assimilation and Organizational

Dynamic Capability:Antecedents and Consequences[D]. Hong Kong Baptist University.

[222]Weill, P. 1992. The relationship between investment in information technology and firm performance:a study of the valve manufacturing sector. Information Systems Research, 3(4): 307 –333.

[223]Wu, I. L., J. L. Chen. 2014. A stage-based diffusion of IT innovation and the BSC performance impact:a moderator of technology-organization-environment. Technological Forecasting&Social Change, 88 (88): 76 –90.

[224]Wu, I. L., M. L. Chiu. 2015. Organizational applications of IT innovation and firm's competitive performance:A resource-based view and the innovation diffusion approach, J. Eng. Technol. Manage. 35(January – March): 25 –44.

[225]Wu, I. L., C. H. Chang, 2012. Using the balanced scorecard in assessing the performance of e – SCM diffusion:a multi-stage perspective. Decision Support Systems, 52(2): 474 –485.

[226]Wu, I. L, Y. P. Hu. 2010. Examining the diffusion of electronic supply chain management with external antecedents and firm performance:a multi-stage analysis. Decision Support. System, 50(1): 103 –115.

[227]Wu, F., V. Mahajan, S. Balasubramanian. 2003. An analysis of e-business adoption and its impact on business performance, Journal of the Academy of Marketing Science, 31(4): 425 –447.

[228]Xu, J., M. Quaddus. 2012. Examining a model of knowledge management systems adoption and diffusion:a partial least square approach. Knowledge – Based Systems, 27(3): 18 –28.

[229]Yosri, A. 1992. The relationship between information technology

expenditures and revenue contributing factors in large corporations[D], Walden University.

[230]Yu, S. 2005. IT assimilation and business performance improvement: Theory and empirical investigationin the context of e-procurement applications[D]. Carnegie Mellon University.

[231]Zhu, K., K. L. Kraemer, S. Xu. 2006. The process of innovation assimilation by firms in different countries: A technology diffusion perspective on e-business. Management Science, 52(10): 1557 – 1576.

[232]Zhu, K., K. L. Kraemer. 2005. Post-adoption variations in usage and value of e-business by organizations: Cross-country evidence from the retail industry. Information Systems Research, 16(1): 61 – 84.

[233]Zhu, K. 2004. The complementarity of information technology infrastructure and e-commerce capability: A resource-based assessment of their business value. Journal of Management Information Systems, 21(1): 167 – 202.

[234]Zhu, K., K. Kraemer, S. Xu. 2003. Electronic business adoption by European firms: A cross-country assessment of the facilitators and inhibitors. European Journal of Information Systems, 12(4): 251 – 268.

[235]Zhu, K., K. L. Kraemer. 2002. E-commerce metrics for net-enhanced organizations: Assessing the value e-commerce to firm performance in the manufacturing sector. Information Systems Research, 13(3): 275 – 295.

[236]陈琦. 2010. 企业电子商务商业模式设计: IT 资源前因与绩效结果[D]. 浙江大学.

[237]杜江萍, 李友祥. 2009. 外贸企业电子商务成熟度研究[D]. 江西财经大学.

[238]国家信息化测评中心. 2002. 企业信息化水平评价指标体

系. http://www. ciq. com. cn/tx_bgtxfan. htm.

[239]郭伟,霍明,杨洁,刘建琴.2011.我国制造企业信息技术投资转化效率影响因素分析——基于价值链 DEA 和 Tobit 模型的实证研究.情报杂志,30(6):107-111.

[240]郝晓玲,孙强.2005.信息化绩效评价——框架、实施与案例分析[M].清华大学出版社.

[241]贺铿,李晓超.2004.中外电子商务统计及其应用研究[M].中国统计出版社.

[242]何哲军,朱茂然,王洪伟.2009.企业电子商务采纳与应用关键影响因素实证研究.计算机工程与应用,45(2):191-196.

[243]黄慧君,赵阿瑞.2013.基于 DEA——Tobit 模型的批发零售业 IT 投资绩效实证研究.机械设计与制造工程,42(2):27-30.

[244]金占明,刘静国.2004.关于国内企业电子商务战略的实证研究.清华大学学报(哲学社会科学版),19(5):78-85.

[245]李治堂.2009.基于互补性理论的信息技术投资绩效研究.科研管理,30(1):8-27.

[246]李治堂,吴贵生.2008.公司层次信息技术投资生产率的实证研究.系统管理学报,17(6):648-655.

[247]林丹明,梁强.2007.我国制造业的信息技术投资效果——结合行业影响因素的分析.经济理论与经济管理,(12):35-40.

[248]刘茂长,鞠晓峰.2012.基于 TOE 模型的电子商务技术扩散影响因素研究.信息系统学报,(1):13-30.

[249]马良渝,卢泠.2005.企业电子商务成熟度评价指标体系研究[D].华南理工大学.

[250]裴一蕾,薛万欣,杨春雨,苏勇.2012.中小型农业企业电子商务成熟度研究.安徽农业科学,40(8):4898-4900.

[251]彭赓，赵天博，陈明洋等.2008.企业信息化水平与竞争力关系的实证研究.中国软科学，(7)：95 - 101.

[252]邱长波，威廉·福斯特.2003.电子行业电子商务应用影响因素研究.情报科学，21(9)：919 - 921.

[253]邵兵家，蔡志刚.2005.电子商务活动对企业绩效影响的实证研究——以中国 IT 上市公司为例的研究.科技进步与对策，22(11)：162 - 164.

[254]汪淼军，周黎安.2007.信息化、组织行为与组织绩效.管理世界，(4)：96 - 104.

[255]汪淼军，张维迎，周黎安.2006.信息技术、组织变革与生产绩效.经济研究，(1)：65 - 77.

[256]王立彦，张继东.2007.ERP 系统实施与公司业绩增长之关系——基于中国上市公司数据的实证分析.管理世界，(3)：116 - 121.

[257]王铁男，李一军，刘娇.2006.基于 BSC 的企业信息化绩效评价应用研究.中国软科学，(4)：34 - 35.

[258]吴绪永，张嵩.2007.基于 RBV 的企业信息化绩效评估层次模型.科学学与科学技术管理，(6)：129 - 133.

[259]杨道箭，齐二石.2008.基于资源观的企业 IT 能力与企业绩效研究.管理科学，21(5)：10 - 12.

[260]杨京英，熊友达，姜澍.2009.2009 年中国信息化发展指数(IDI)研究报告.北京邮电大学学报(社会科学版)，11(6)：6 - 12.

[261]张成虎.王雪萍.2006.信息技术投资对我国商业银行绩效的影响——从 ATM 的角度分析.当代经济科学，28(6)：48 - 53.

[262]张之光，王艳，赵立雨.2015.中国信息技术投资绩效的实证研究.科学学研究，33(8)：1141 - 1150.

[263]赵海峰，万迪，王朝波.2002.信息技术应用水平对企业绩

效影响的实证研究. 研究与发展管理, 14(4): 20 - 23.

[264]朱镇, 赵晶. 2010. 企业电子商务价值创造过程模型. 管理科学学报, 13(12): 46 - 60.

[265]朱镇, 赵晶, 江毅. 2013. 企业电子商务扩散——组织实施力视角的解释[J]. 管理评论, 25(9): 158 - 166.